中等职业教育物流专业系列教

物流客户服务

WULIU KEHU FUWU

◎ 主　编　赵　玲
◎ 副主编　张琦可

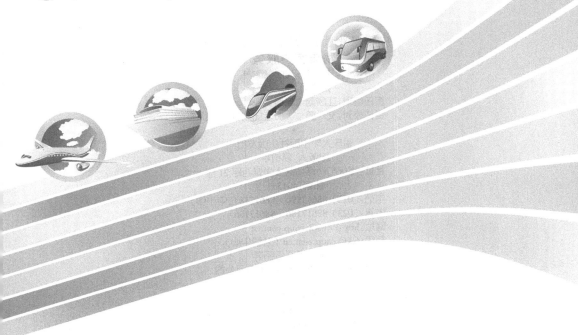

重庆大学出版社

内 容 提 要

全书共分为九大任务模块,主要包括认识物流企业客户、物流员工的职业素养培养、基本业务活动中的客户服务规范、物流客户沟通与管理、物流客户满意、客户期望值管理、理解企业文化、理解客户服务指标、走进客户快乐服务等方面内容。

本书可以作为中等职业学校物流专业的教材,也可作为相关从业人员的参考用书。

图书在版编目(CIP)数据

物流客户服务/赵玲主编.—重庆:重庆大学出版社,
2009.9(2019.1 重印)
(中等职业教育物流专业系列教材)
ISBN 978-7-5624-4953-9

Ⅰ.物… Ⅱ.赵… Ⅲ.物资企业—企业管理:销售管理—
专业学校—教材 Ⅳ.F253

中国版本图书馆 CIP 数据核字(2009)第 117232 号

中等职业教育物流专业系列教材
物流客户服务
赵 玲 主编
张琦可 副主编
责任编辑:江欣蔚 版式设计:汤 立
责任校对:文 鹏 责任印制:赵 晟
＊
重庆大学出版社出版发行
出版人:易树平
社址:重庆市沙坪坝区大学城西路 21 号
邮编:401331
电话:(023) 88617190 88617185(中小学)
传真:(023) 88617186 88617166
网址:http://www.cqup.com.cn
邮箱:fxk@ cqup.com.cn(营销中心)
全国新华书店经销
POD:重庆新生代彩印技术有限公司
＊
开本:720mm×960mm 1/16 印张:13.25 字数:237千
2009 年 9 月第 1 版 2019 年 1 月第 4 次印刷
ISBN 978-7-5624-4953-9 定价:35.00元

编委会

～总 序～

  中等职业学校物流专业教育在我国蓬勃发展已5年有余,各开办学校在贯彻教育部、劳动部及中国物流与采购联合会制订的《中等职业学校物流专业紧缺人才培养培训教学指导方案》过程中,不断采用新的职教方法,课程体系内容也更加接近企业用工实际,教育部中职教材出版基地——重庆大学出版社组织全国一批优秀的中等职业学校和企业界的专家共同编写了这套中职物流专业系列教材。

  本套教材在培养目标与规格上与《中等职业学校物流专业紧缺人才培养培训教学指导方案》保持一致,力图紧紧围绕培养现代物流企业一线操作型人才为核心,以行动导向教育理念为指导,贴近物流企业工作实际,方便教师组织教学。

  本套教材的编写思路是,突破传统学科体系,以物流企业岗位为主线,以任务引导展开各岗位的应知与应会,具体写作中将本专业公共素质类知识用综合课程涵盖,其内容兼容职业资格证的内容。而具体岗位类课程以实务为主,实务中突出具体任务要求及做法,同时每个任务后都布置了相应的实训内容用以巩固课堂所学。

  本套教材每一分册均由若干任务构成,每个任务由以下模块构成:

教学要求：指明本任务所要达成教学目标。

学时建议：建议本任务采用的课型与课时，为教师整体规划本任务教学提供参考。

导 学 语：用图文并茂对话形式，引起学生对本任务的重视。

卷首案例：用生动有趣的案例故事，引入学习内容。

学 一 学：完成本任务所需要掌握的必备知识。

做 一 做：通过案例阅读与分析巩固必备知识，实训活动组织与实施则是检查学生技能掌握程度的途径。

任务回顾：小结本任务基本知识与技能。

名词速查：方便学生熟记最基本专业名词。

任务检测：通过单选、多选、判断及思考等题型的练习，巩固所学知识，自我检查任务完成情况。

参考答案：对任务检测中的习题给出参考答案，方便学生自测。

本套教材作者均由中等职业学校一线骨干教师组成，对职业教育新观点、新理念、新方法均有自己独到的见解，他们将自己宝贵的教学实践活动融入到一个个任务分析与解决方案上，他们的探索应该说还是一个创新，但相信也会有一些值得商榷和不完善的地方，希望各位同仁提出宝贵意见！

编委会

2009 年 7 月

前 言

　　当今中等职业学校教学改革正在如火如荼向前推进,教育部中职教材出版基地——重庆大学出版社根据行动导向的思想,组织精干中职学校一线教师编写了本套物流专业系列教材。

　　《物流客户服务》教材立足于服务的观点,依据中等职业学校"物流"专业的培养目标和学生的学习能力,结合物流企业客户服务的特点和要求,系统地阐述了物流客户服务课程的9项基本任务:认识物流企业客户、物流员工的职业素养培养、基本业务活动中的客户服务规范、物流客户沟通与管理、物流客户满意、客户期望值管理、理解企业文化、理解客户服务指标及走进客户快乐服务。各项任务由以下版块组成:

　　[卷首案例]——引出任务内容;

　　[学一学]——为读者提供完成本任务须具备的基本知识点;

　　[做一做]——通过"经典案例阅读"巩固新知,"实训活动"实现理论与实践的对接;

　　[任务回顾]——对本任务学习进行小结归纳;

　　[名词速查]——归纳本任务学习后必记的名词解释;

　　[任务检测]——对学习情况进行自我检查,通过多种题型的练习,巩固所学知识。

　　本教材可以作为物流专业、电子商务专业、市场营销专业及其他相关专业职业学校的教材或参考用书。本教材建议课时为72学时,其中

课堂教学课时 64 学时,实践性活动课时 8 学时,具体分配如下:

序 号	内 容		理论教学	实践教学
1	任务 1	认识物流企业客户	4	2
2	任务 2	物流员工的职业素养培养	4	4
3	任务 3	基本业务活动中的客户服务规范	4	6
4	任务 4	物流客户沟通与管理	6	6
5	任务 5	物流客户满意	4	4
6	任务 6	客户期望值管理	4	4
7	任务 7	理解物流企业文化	3	2
8	任务 8	理解物流客户服务指标	3	2
9	任务 9	走进客户快乐服务	4	4
	合 计		36	36

本书由济南第九职业中专赵玲任主编,贵州省物资学校张琦可任副主编;各章节的具体编写人员是:赵玲编写任务 1;武汉市财政学校童学云编写任务 2、任务 3;山东广播电视大学文法学院的薛晨皓编写任务 4、任务 5;济南第九职业中专张玉华编写任务 6、任务 7;贵州省物资学校张琦可编写任务 8、任务 9。全书由赵玲统稿,由武汉市财政学校郑彬审稿。

虽然我们在编写过程中花费了很多时间和精力,但由于时间仓促,加之尝试新体例的编写及作者水平限制,本书难免有疏漏之处;其中若干观点还值得商榷,在此敬请各位专家与读者不吝赐教。

编 者

2009 年 5 月于济南

目 录

任务 1
认识物流企业客户

教学要求

1. 认识客户及物流客户的基本要点；

2. 理解客户服务内涵及客户服务要素；

3. 感悟客户服务理念的真谛；

4. 陈述物流服务的含义及内容；

5. 清楚物流客户服务的含义、内容及要素；

6. 描述物流客户服务的作用。

学时建议

知识性学习：4 课时

案例学习讨论：2 课时

现场观察学习：6 课时（业余自主学习）

【导学语】

你知道什么是客户吗？客户服务对企业来说很重要吗？

是不是面带微笑,礼貌热情就是客户服务？

这门课是教我们针对不同物流客户提供不同专业服务吗？

卷首案例

联邦快递(FEDEX)达成梦想

日期:2002年12月12日,收信人:圣诞老人,地址:北极

亲爱的圣诞老人:

请给我一个尼康数码相机作为圣诞礼物。我一直是一个好孩子。你(送给我礼物的时候)可以在圣诞树下找到一些牛奶和饼干。

你的笔友:大卫

日期:2002年12月23日,发信人:圣诞老人,地址:北极2号站

亲爱的大卫:

我收到了你于这个月早些时候发来的信。正如你能够猜到的,我为了准备12月24日(平安夜)的全球飞行而忙得不可开交。很抱歉耽误了给你回信的时间。

我真的希望你这一年都表现得很好。我将再一次检查我的清单……也许,仅仅是也许,你可以在圣诞的早晨发现圣诞树下的数码相机。

圣诞快乐!

你的,圣诞老人

看完这个故事,大家一定想法很多吧！的确,正是人们相信联邦快递精湛的业务、超前的客户理念和卓越的客户服务,联邦快递可以递送任何东西包括与圣诞老人的沟通。

嗯！为什么会这样呢？请跟我来,学完这门课你就会对客户、客户服务和物流

客户服务有一个全新的认识,能更好地诠释联邦快递的秘诀了!

【学一学】

1.1 物流企业客户

1.1.1 客户服务概述

一谈到客户服务,许多人都会认为只要面带微笑,礼貌热情就可以了,其实不然。不同的客户对服务有着不同的需求,一般说来,客户的需求包括情感层面和业务层面的需求。由于每一个企业所经营的产品形态、功能不同,其所面对的客户性质、特点也就不同。

1)客户

客户是指公司或企业所有的服务对象,如公司股东、雇员、顾客、经销商,政府部门、社区的居民等。客户是企业的重要资产,也是企业利润的来源。

客户的概念有内涵和外延之分:客户的内涵是指企业的供应商、分销商以及下属的不同职能部门、分公司、办事处、分支机构等;外延的客户则是指市场中普遍存在的、对企业的产品或服务有不同需求的个体或消费群体。

总之,对企业来说,个体的客户和组织的客户都称为客户,因为无论是个体或组织都是接受企业产品或服务的对象,而且从最终的结果来看,"客户"的下游还是客户。因此客户是相对于产品或服务提供者而言的,他们是所有接受产品或服务的组织和个人的统称。

2)客户分类

客户的分类方法有许多,本节从物流客户的角度将客户划分为三大类:

(1)常规客户

这类客户主要受价格因素的影响,希望从企业那里获得直接好处,获得满意的客户价值。此类客户注重价格,是企业与客户关系的最主要部分,这直接影响到企业的短期现实收益。

(2)潜在客户或称为伙伴客户

此类客户希望与企业建立一种长期伙伴关系,建立一种战略联盟,希望从与企业的关系中增加价值,从而获得附加的财务利益和社会利益。

（3）关键客户或称为重量级客户

此类客户希望从企业中获得直接的客户价值外，还希望从企业那里得到社会利益，这类客户最关心商品的质量、价值和服务，他们是企业比较稳定的客户，虽然人数不占多数，但能给企业带来可观利润并成为公司最大的利润来源。

1.1.2　客户服务的内涵

在当今激烈的市场竞争环境中，企业只提供一种产品或是一项服务是不够的，现在的客户不同于以前的客户，他们很清楚应该怎样传递产品，也明白如果对自己得到的服务不满意，还有其他能提供更多更好服务的卖方可以选择。所以服务的重要性已经深入人心，优质的服务才是企业做大、做强，创立品牌的基石。

案　例

工兵与客户服务

美国工兵第八师在修建水利工程时，他们给工地附近居民打电话，这段电话的录音磁带是这样的：你好？夫人，请原谅打扰您。我们在炸掉这座水坝让河改道的过程中，不可避免地会产生一点尘土和噪声，敬请谅解。我们准备在我们施工区的外围栽种一些花草树木，您不反对吧？很高兴为您服务。如果您能顺便填写这份市民满意度调查，我们会非常感激。我们非常希望成为您在作决定时的帮手，祝您快乐。

这段录音是美国工兵第八师在修建水坝之前，给施工区辐射周边居民每家打的一个电话。

从这个电话中你会发现一个有趣的现象。

做工兵的搞建筑的也需要做客户服务吗？

如果你是那里的居民你会有什么感受呢？

1）客户服务内涵

客户服务是指为了能够使企业与客户之间形成一种难忘的互动，企业所能做的一切工作。

（1）客户服务的宗旨

客户服务的宗旨是客户满意。客户满意是企业竞争取胜的最好手段，它可以使企业获得长期利润。

（2）客户服务的内容

客户服务的内容是解决客户的问题。客户服务是存在于企业与客户之间的互通信息、解决问题的互动过程。它表现在客户不断向企业提出产品或服务上的问题和要求，而企业不断解决客户的难题，并深入探询、满足客户的新要求，以求得客户的满意。

（3）优质的客户服务

优质的客户服务是企业对客户的情感投资。客户服务既是企业对客户的利益转让，更是一种付出诚信、诚意的商业情感的投资行为。因此，客户服务是商品交易中最具人性化的内容。没有情感的沟通与交流就没有客户服务的确切发生。

（4）客户服务工作不局限于客户服务部门

客户服务工作不仅仅是由客户服务部门独立完成的，其服务内容、服务流程涉及整个企业，是企业各个部门能力合作的结果，客户需求驱动的对象是企业整体。客户服务部门只是一个窗口，通过它，企业和客户都可获得对方的信息。

2）客户服务的基本要素

（1）客户服务的目的

客户服务的最终目的是获得社会公众的理解和支持，为企业的生存、发展创造必要的内部与外部环境。它要求企业在开展客户服务活动时，在保证企业基本利益的前提下，最大限度地满足社会公众的利益需要，以此来促进社会公众与本企业的相互了解、信任和合作，创造最佳的社会舆论环境。

（2）客户服务的原则

客户服务的基本原则，是平等互利，共同发展。进行客户服务时要强调企业利益与社会公众利益的平衡协调，信守"与自己客户一起发展"的原则。

（3）客户服务的方式

客户服务的方式是"内外结合，双向沟通"。有效的客户服务是一个不断提升的良性循环过程，一方面企业通过吸取社会公众的意见，向社会提供更加完善的产品或服务；另一方面，乐于接受客户意见的企业拥有更多的客户群体，获得更多的客户需求内容和市场机会。在这个环节中，坚持有效的双向沟通，使客户了解企业，让企业贴近客户，就显得格外重要。

3）客户服务的理念

客户服务是企业的一种观念，并自始至终贯穿企业的经营活动。客户服务的具体理念就是要系统全面地掌握客户的购买倾向或实际要求,从参与者角色转换为责任人的角色,即企业要实施"5A"战略。

(1)了解客户(Acquainting)

对企业来说,研究客户的行为和消费习惯是相当必要的。企业想与之建立一对一的服务关系就必须从客户的记录、客户服务系统、客户数据库等方面了解客户群,有的还可以选择并利用来自客户群、分支机构、战略合作伙伴或者第三方的数据资料,Internet 等技术使企业可获得更多的客户信息,从而了解客户。也就是企业与客户从"素昧平生"到"久仰大名"再到"相亲相爱"的一个全面的过程。无论采用哪种办法,都要获得客户的真实具体的身份,以便开展下一步的交流和互动。

(2)赏识客户(Appreciating)

千万不要忘记对客户表示感谢和赏识,这种"欣赏"是企业修来的"福分","水能载舟,亦能覆舟",在今天被客户看中的优势,明天也许就消失或落后,客户是理性的,企业应不断努力来适应客户的不断变化。

(3)答谢客户(Acknowledging)

通过答谢,让客户知道他们正在受到企业的重视,客户非常在意在这种精神上的满足,这是维系企业与客户感情的最好手段。关键客户名单、业务通讯记录、特殊折扣、礼貌的服务以及记住他们的名字都是向客户表示感谢的好办法。此外,要向他们传递一种积极的信息,要客户知道我们企业很高兴他们选择了与我们的合作。

(4)分析客户(Analyzing)

客户的任何有关企业的言论和行为,哪怕只是一丝细微的行为,也会使企业获得极其有价值的信息。企业应不断分析客户的言论和行为,注意客户变化的动向,掌握他们的需求,由此更好地为客户服务。

(5)为客户满意而行动(Acting)

密切掌握客户对企业服务的抱怨的原因,建立客户数据库,提供令客户满意的产品或服务,每一位客户都希望自己受到重视,得到优先的照顾,并期望在出现问题时及时得到帮助。承认最好的客户会要求专属的待遇,设计可以评估忠诚度活动计划所增加的业绩和获利率的方案,让客户满意度达到最大。如当出现问题时,客户期望企业能有所行动,许多企业设立了免费的客户求助热线,确立灵活的退货政策,在客户需要帮助时能马上提供服务。

大陆航空公司起死回生的秘诀

戈登·贝修恩是大陆航空公司的总裁,他把一个处于破产边缘的航空公司变成了一个产业巨人。1993年大陆航空公司结束了破产保护,在1996年的客户满意率调查中名列榜首,被评为当年的最佳航空公司。当有人问起成功原因时,公司上下异口同声:在公司里,每个雇员和客户都被视为对大陆航空公司的成功起绝对作用的股东。

想一想:

作为客户的你(股东)到了大陆航空公司是不是有一种回家的感觉? 他们的成功是不是也有你(股东)的一份功劳呢? 大陆航空公司的客户服务理念是不是牢牢地抓住了你的心?

1.2　物流服务

1.2.1　物流服务的内涵

物流的本质是服务,它本身并不创造商品的形质效用,而是产生空间效用和时间效用。因此物流服务是指物流企业为满足客户的物流需要,开展一系列物流活动的结果。

由于货主企业的物流需求是以商流为基础,伴随商流而发生变化。物流服务必须从属于货主企业物流系统,表现在流通货物的种类、流通时间、流通方式、提货配送方式都是由货主决定,物流业只是按照货主的需求,提高相应的物流服务。

1.2.2　物流服务的内容与质量

1)物流服务的内容

物流服务的内容是满足货主需求,保障供给,并且在量上满足货主在适量性、多批次、广泛性上的需求;在质上满足货主在安全、准确、迅速、经济等方面的需求。

传统意义上的物流服务内容包括:运输与配送、保管、装卸搬运、包装、流通加工等与其关联的物流信息。而现代物流服务就必须以客户为中心,充分发挥自身优势,在运输、仓储、配送等功能性服务上不断创新服务内容,为客户提供差异化、个性化物流服务。所以现代物流服务内容在传统服务的基础上延伸为:

①增加便利性的服务；

②加快反应速度的服务；

③降低成本的服务；

④延伸服务；

⑤流通加工服务；

⑥物流信息处理服务。

例如，美国凯利伯物流公司设立的公共物流中心，其服务内容如下：

①JIT物流计划。通过建立先进的信息系统、为供应商提供培训服务及管理经验，优化运输路线和运输方式、降低库存成本、减少收货人员及成本，为货主提供更多的信息支持。

②合同制仓储服务。减少货主建设仓库的投资，通过仓储中采用CAD技术、执行劳动标准、实行目标管理和作业监控提高劳动生产率。

③全面运输管理。在选定最经济的运输方式后，选择最佳承运人，对零散的运输作业进行控制，减少回程车辆，进行电子运单处理，对运输全过程进行监控等。

④生产支持服务。简单的组装、合并与加固、包装与再包装、JIT配送贴标签等。

⑤业务过程重组。使用专业化业务重组软件，可对客户的业务运作过程进行诊断，并提出专业化的业务重组建议。

⑥专业化合同制运输。根据预先设定的成本提供可靠的运输服务，提供灵活的运输管理方案，提供从购车到聘请司机直至优化运输路线的一揽子服务，降低运输成本，提供一体化的、灵活的运输方案。

⑦回程集装箱管理。回程集装箱的跟踪、排队、清洗、储存等，可以降低集装箱的破损率，减少货主的集装箱管理成本，保证货物的安全。

2）物流服务质量

物流服务要求企业经营管理思维和决策必须以服务为导向，把物流服务作为一个产品，重视物流服务的质量。物流服务质量是指物流活动满足客户需要的各种特征的总和。包括如下要素：

①订单查询及订单传递的便捷性；

②及时可靠的交货及沟通；

③准确、完整、无货损的交货及无差错单证；

④及时有效的售后支持；

⑤职能部门之间信息的传递与共享，与外界组织的互动。

你知道吗？产品是有形的,而服务是无形的。那如何把无形的服务变成有形的产品?

现在卖服务卡的很多,如月卡、季卡、年卡、贵宾卡等。这是一种服务,而这种服务原本是无形的。你有了这张卡之后,消费可以打八折,这是一种承诺。但是有的企业会把这种承诺制作成一张很精美的卡片送给你,这张卡本身没有意义,那为什么要花钱做张卡?只要答应你,做个登记,以后你来的时候八折优惠不就可以了吗?这张卡就是把无形的服务变成有形服务的一种载体,让你感觉到这个小东西是有形的。

1.3　物流客户服务的含义及特点

1.3.1　物流客户服务含义

物流客户服务是指物流企业为促进其产品或服务的销售,发生在客户(货主企业)与物流企业之间的活动。

对大多数企业来说,客户服务可以从三个角度来理解:①它是一项管理活动或职能,如订货处理、客户投诉的处理等;②它是通过某些参数而表现的实际业务绩效,如在24小时内实现98%的按订单完备送货率;③它是企业整体经营理念或经营哲学的一部分,而非简单的活动或绩效评价尺度。需要引起注意的是,如果企业把客户服务作为一种经营理念和哲学,那么它必将具备一个正式的客户服务职能部门以及完善的业务绩效评价体系。

1.3.2　物流客户服务的特点

物流客户服务是驱动供应链物流的动力,也是整个物流体系设计和运作的必要组成部分,所以物流客户服务具有以下几方面特点:

①物流客户服务是为了满足客户需求所进行的一项特殊工作,并且是典型的客户服务活动。其内容包括:
- 订单处理;
- 技术培训;
- 处理客户投诉;
- 服务咨询。

②物流客户服务具有一整套业绩评价。它包含以下内容:
- 产品可得性评价;
- 存货的百分比;

- 无货损百分比；
- 订货周期和可靠性评价；
- 从客户订货到送货的时间；
- 仓库备货时间；
- 仓库收到的订单与发货的百分比；
- 仓库在规定的时间内把订货送达客户的百分比；
- 最低订货数量；
- 服务系统的灵活性评价；
- 特快发货或延迟发货的可能性；
- 订货的方便和灵活性等。

1.3.3　物流客户服务的要素及作用

1）物流客户服务要素

从物流服务的过程来看,物流客户服务可分为交易前要素、交易中要素和交易后要素。

（1）交易前要素

交易前要素是指在将产品从供应方向客户实际运送过程前的各种服务要素。如制订服务指南,宣传客户服务政策,完善客户服务组织（使之能够按客户的要求提供各种形式的帮助）,客户保证声明,系统灵活性及技术服务说明等。

（2）交易中要素

交易中要素是指将产品从供应方向客户实际运送过程中的各项服务要素。这些服务与客户有着直接的关系,是制订客户服务目标的基础。因此,这些服务对客户满意度具有重要影响。其中包括存货水平、订货信息、订货周期、快速装运、运输、系统准确性、订货方便性以及产品替代等。

（3）交易后要素

交易后要素是指产品销售和运送后,根据客户要求所提供的后续服务的各项要素。如变更维修部件、产品质量追踪、收集客户意见、处理客户投诉、产品包装、维修中产品替代等服务活动。

2）物流客户服务的作用

物流客户服务主要是围绕着客户所期待的货品服务,所期望的传递时间以及所期望的质量而展开的,在企业经营中有相当重要的作用,特别是随着网络的发

展,企业间的竞争已淡化了地域的限制,其竞争的中心是物流服务竞争。物流客户服务的作用具体体现在:

(1)提高客户满意程度

根据市场营销学知,物流企业核心产品(物流服务)功效的提高源于客户对服务的感受,形式产品多样化(订制服务)的发展来自于客户个性化的需求,附加产品(增值服务)的丰富和完善靠具体的客户服务活动实现。

物流企业对外提供无实物形态的服务产品,客户服务质量成为鉴定物流服务质量的直接依据。要提高客户服务质量和客户满意度,为客户提供产品的质量保证、运送、安装、维修以及咨询服务、交货安排等各种附加服务不容忽视。

(2)留住客户

客户满意是物流企业客户"回头"的秘诀。优质的客户服务能令客户心满意足,并忠实于企业;而当客户对企业提供的服务不满意时,他们很容易被竞争对手所获得。过去很多企业将工作重点放在新客户的开发上,而忽略了对现有客户的挽留,所谓"东方不亮西方亮"。

最近研究表明留住客户的战略越来越重要,老客户与公司利润率之间有着非常高的相关性,这是因为开发新客户的成本要远远高于维系老客户的支出;满意的客户会自愿提供业务中介,并愿意支付溢价。所以很多企业对客户服务提出"让第一次接受服务的客户成为你的永久客户"的要求,在处理维系老客户和开发新客户的矛盾时坚持"东方亮了再亮西方"的观点,即先做好老客户的服务,再开发新客户。因此,留住客户已成为企业的战略问题,在物流行业中的高水平的客户服务能够吸引客户并留住客户。因为,从客户角度上来讲,频繁地改变供应源会增加其物流成本及风险。

(3)增加销售收入

客户的稳定是销售收入稳定的基石。现代客户服务的目标可以表现为客户满意、客户信任、客户忠诚和客户幸福等层次,客户服务质量越高,现实客户越稳定,潜在客户会转化为现实客户的频率会越快;客户的不断成长壮大,销售收入自然会不断增长。

随着物流行业的快速发展,物流市场的竞争也越来越激烈,客户对企业所提供的服务水平的变化与对产品价格的变化一样敏感。期望通过服务使产品差异化,通过为客户提供增值服务而获得竞争优势、增加销售收入的观点已经为大多数企业所接受并运用。

【做一做】

一、经典案例阅读

微笑挂在脸上，客户放在心里

——中外运敦豪客户服务中心案例研究

1. 背景资料

中外运敦豪客户服务中心 1997 年创立，一直以来都在以提升客户满意度为目标，致力于成为世界一流的客户服务中心，创造并推动服务竞争优势，以期为客户创造更多价值。

中外运敦豪客户服务中心现主要负责 DHL 中国客户呼入业务，公司在北京（北方区）、上海（东方区）、广州（南方区）分别设立区域级呼叫中心，采用全国免费客户服务热线 800-810-8000 接入，并使用 400-810-8000 为手机用户提供服务。除了电话，还开通多种客户沟通和联络渠道。在运营方面执行严格的行业质量标准体系，在预订取件、服务咨询、跟踪查询、服务补救、重要客户支持、电子商务受理过程中精益求精，为客户提供一站式、全天候、个性化的信息、数据和客户服务，与客户建立长期的伙伴关系。其服务特点有：

①多渠道，通过多媒体客户互动方式，让客户随时随地与客户服务中心畅通联系；

②一站式，通过客户首次致电解决率和质量监控，确保真正达到一站式服务；

③全天候，全年 365 天的不间断热线服务，确保每次联络都可以迅速理解客户的需求，提供准确、详尽的信息和解决方案；

④个性化，通过主动查询、专人服务、快件保险等增值服务，让全球客户享受个性化解决方案。

中外运敦除拥有经验丰富、高绩效的管理团队，应用标准规划客户服务中心外，并通过流程控制、业务监控等方式合理安排工作时间和人员配备，完成和保持 DHL 亚太区 2003—2006 年度的各项绩效指标的领先地位；满意度，为了确保在每一次联络中让客户满意，经过外部专业咨询公司的年度客户满意度调查结果，中外运敦豪的客户服务满意度在物流业位居首位。

2. 案例评析

独特的服务，加上富有魅力的流程管理及绩效管理，使得中外运敦豪在竞争激烈的市场中不断战胜对手,在亚太地区物流业中独领风骚,其客户服务中心始终以提高客户满意度为己任,为企业留住老客户开发新客户做出了卓越的成绩。

阅读思考:

1.分析中外运敦豪为了满足客户需要,推出了哪些服务业务?

2.讨论中外运敦豪的服务业务具有哪些特色?

二、实训活动

◎ 内容

物流企业客户服务调查。

◎ 目的

调查物流企业经营的理念,通过观察物流各环节的操作规程和要求,分析客户服务的内容及其重要作用。

◎ 人员

①实训指导:任课老师;

②实训编组:学生按 8～10 人分成若干组,每组选组长及记录员各一人。

◎ 时间

3～5 天。

◎ 步骤

①由教师在校内组织安全教育;

②与实训企业相关部门取得联系,并组织学生集体去该企业参观;

③邀请物流企业各业务部主管介绍本部门客户服务内容;

④分组查看企业客户服务相关资料,并做好记录;

⑤撰写调查文档;

⑥实训小结。

◎ 要求

利用业余时间,根据具体情况选择有一定代表性的物流企业,了解其物流作业规程。通过作业规程的要求分析其目的,从中看到企业对客户的重视;通过调查企业的各职能部门,了解各职能部门客户服务的内容,并认识其重要作用。

◎ 认识

作为未来物流企业员工,领悟企业客户服务内容,对我们在未来的工作中树立一切从客户出发的观念,做好本职工作是有很大帮助的。

【任务回顾】

通过本任务的学习,使我们初步掌握了客户服务、物流服务和物流企业的客户服务的含义、内容及特点。通过对物流企业的实训体验,了解了物流企业客户服务的一般流程,深感客户服务不是起于客户对企业的期望,而应是起于企业看待客户的态度,即"一切为客户出发"。

【名词速查】

1. 客户服务

客户服务是指为了能够使企业与客户之间形成一种难忘的互动,企业所能做的一切工作。

2. 物流服务

物流服务是指物流企业为满足客户的物流需要,开展一系列物流活动的结果。

3. 物流客户服务

物流客户服务是指物流企业为促进其产品或服务的销售,发生在客户与物流企业之间的活动。

【任务检测】

一、单选题

1. ( )本质是服务,它本身并不创造商品的形质效用,而是产生空间效用和时间效用。

  A. 客户   B. 物流   C. 有关部门   D. 仓储部门

2. 一般来说,客户的需求包括情感层面和( )层面的需求。

  A. 业务   B. 咨询   C. 体验   D. 沟通

3. ( )是企业竞争取胜的最好手段,它可以使企业获得长期利润。

  A. 客户投诉 B. 客户满意 C. 客户期望 D. 外部客户

4. ( )部门是企业的一个窗口,通过它企业可以获得客户的相关需求信息。

  A. 营销   B. 客户服务 C. 维修   D. 运输

5. ( )是指在将产品从供应方向实际运送过程中的各项服务要素,这些服务与客户有着直接的关系,并且是制订客户服务目标的基础。

  A. 交易前要素 B. 交易中要素 C. 交易后要素 D. 以上全部

二、多选题

1. 从物流客户的角度来分析,客户可划分为(　　)。
   A. 一般客户　　B. 潜在客户　　C. 关键客户　　　　D. 常规客户

2. 客户服务的基本要素有(　　)。
   A. 客户服务的目的　　　　　B. 客户服务的原则
   C. 客户服务的方式　　　　　D. 客户服务形式

3. 客户是指公司或企业所有的服务对象,如(　　)都属于企业客户的范畴。
   A. 股东　　　　B. 雇员　　　　C. 经销商　　　　D. 社区的居民

4. 物流服务的内容满足货主需求,保障供给,并且在量上满足货主在(　　)
上的需求。
   A. 适量性　　　B. 多批次　　　C. 广泛性　　　　D. 安全性

5. 下列属于物流服务内容的有(　　)。
   A. 加快反应速度的服务　　　B. 降低成本的服务
   C. 延伸服务　　　　　　　　D. 流通加工服务

三、判断题

1. (　　)客户是企业的重要资产,也是企业利润的来源。

2. (　　)客户服务的方式是"内外封闭,单项交流"。

3. (　　)货主企业的物流需求是以现金流为基础。

4. (　　)物流服务可以独立于货主企业物流系统。

5. (　　)物流客户服务是连接供应商、生产商、批发商和零售商的重要手段。

四、思考题

1. 如何理解客户服务的概念?

2. 客户服务的"5A"战略是什么?

3. 你知道物流服务要素有哪些吗?

参考答案

一、单项选择题
1. B　　2. A　　3. B　　4. B　　5. B

二、多项选择题
1. ABC　　2. ABC　　3. ABCD　　4. ABC　　5. ABCD

三、判断题
1. √　　2. ×　　3. ×　　4. ×　　5. √

四、思考题

1.如何理解客户服务的概念？

（1）客户服务的宗旨是客户满意。

（2）客户服务的内容是解决客户的问题。

（3）优质的客户服务是企业对客户情感投资。

（4）客户服务工作不局限于客户服务部门。

2.客户服务的"5A"战略是什么？

（1）认识客户。

（2）欣赏客户。

（3）答谢客户。

（4）分析客户。

（5）为客户满意而行动。

3.你知道物流服务要素有哪些吗？

（1）增加便利性的服务。

（2）加快反应速度的服务。

（3）降低成本的服务。

（4）延伸服务。

（5）流通加工服务。

（6）物流信息处理服务。

任务 2
物流员工的职业素养培养

教学要求

1. 理解物流企业礼仪的基本含义；

2. 掌握物流企业礼仪的原则；

3. 感悟物流企业礼仪的基本规范；

4. 清楚职业素养的含义；

5. 描述物流企业员工的职业道德基本规范。

学时建议

知识性学习:8 课时

案例学习讨论:4 课时

现场观察学习:4 课时 (业余自主学习)

【导学语】

人们常说某某职业素养真高,某某职业素养太低。那么,这个"职业素养"到底是什么呢?

1. 为什么有经验的"海归"大受欢迎?
2. 为什么有些人学历低收入却很高?

3. 为什么经历丰富的你,专业很好,求职却屡受打击?
4. 为什么许多企业明确界定不招聘应届毕业生?

卷首案例

员工的职业素养

把物流企业员工的全部才能看作一座冰山,浮在水面上的是他所拥有的资质、知识、行为和技能,这些就是员工的显性素养,这些可以通过各种学历证书、职业证书来说明,或者通过专业考试来验证。而潜在水面之下的东西,包括职业道德、职业意识和职业态度,我们称之为隐性素养。显性素养和隐性素养的总和就构成了一个员工所具备的全部职业素养。

用冰山理论解释物流员工的职业素养,可以解释为什么企业招聘员工要强调实践能力。各级学校毕业生在显性素养方面表现较好,但在隐性素养方面没有得到过专业培训,所以比较欠缺,这就是企业不招聘应届毕业生的真正原因。

通过对本任务的学习,对显性素养、隐性素养和基本礼仪有一个很好的诠释,能充分认识自己欠缺什么?应该如何去完善自己。

【学一学】

2.1 物流企业员工基本礼仪规范

礼仪是企业获得市场形象,得到更多资源支持的一种态度。礼仪是帮助企业和企业中的个体对市场产生影响力的最有效的资源。

2.1.1　物流企业礼仪的基本含义

1）礼仪的基本含义

礼仪是对礼貌、礼节、仪式的统称。其中"礼"即是礼貌、礼节，"仪"即是仪表、仪态、仪式等。

礼貌泛指人们在社会交往中相互表示友好、谦恭、尊重的言行举止。

礼节是人们在交往过程、交际场合表示尊重、友好的礼貌行为的惯用形式，如握手、鞠躬、问候、拥抱、献花等。礼貌是内涵，礼节是表现。

仪表、仪态，包括仪容、举止、表情、谈吐、服饰、风度和个人卫生等，是礼仪的重要组成部分。

仪式，则是指礼的秩序形式，即为表示敬意或隆重，在一定场合举行的，具有专门礼节程序的规范化活动。如各种各样的庆典、聚会等。

综上所述，礼仪的概念可以定义为：人们在社会交往中，为表示、表现相互尊敬、友好而实施礼貌、礼节活动的程式和规范。

小案例

这是我们在同一城市的两个不同的公路收费站前看到的提示。

"一车一杆，电脑收费，主动收费，谢谢合作。"

"一车一杆，电脑收费，撞杆砸车，后果自负。"

1.你认为哪个效果会更好，为什么？

2.如何在处理问题上体现礼仪的力量？

案例分析：

当然前者更好。礼仪有"和"的精神，古人在很早前就提到过"礼之用，和为贵"，也就是礼仪的最大用处就是用于人与人之间的和睦相处。在现代社会，这个"和"既是人与人之间、单位与单位之间、国家与国家的和睦、和平，也是社会的和谐。前者体现了"和"的精神，而后者则显对立。礼仪另一核心本质是"尊重"，前者体现了尊重，后者没有。礼仪的力量还体现在它的感情色彩，是有温度的，是温和的，前者体现出来了，而后者没有，显生硬。

2）物流企业礼仪的基本含义

物流企业礼仪是由广义的社交礼仪派生出来的特定的商务交往场合应遵守的

礼仪。物流企业礼仪是指企业、公司从业人员以及一切其他从事经营、经济活动的人士在进行经营、经济活动中应遵守的礼仪。

物流企业员工应全面掌握商务活动中的各种礼仪,适应日常商业场合的商务礼仪要求,掌握(公务)拜访客户的必备礼节,从细微之处体现您对他人的尊重,了解接待客户的礼仪细节,让您的每一位客人宾至如归。全面掌握商务场合及人际交往中的各种商务礼仪规范,塑造良好的个人职业形象和企业、机构形象,赢得客户好感,在竞争中脱颖而出。

2.1.2　物流企业礼仪的原则

物流企业礼仪的原则如下:

(1)宽容的原则

即人们在交际活动中运用礼仪时,既要严于律己,更要宽以待人。

理解宽容就是说要豁达大度,有气量,不计较和不追究。具体表现为一种胸襟,一种容纳意识和自控能力。

(2)敬人的原则

即人们在社会交往中,要敬人之心常存,处处不可失敬于人,不可伤害他人的个人尊严,更不能侮辱对方的人格。

敬人就是尊敬他人,包括尊敬自己,维护个人乃至组织的形象。不可损人利己,这也是人的品格问题。

(3)自律的原则

这是礼仪的基础和出发点。学习、应用礼仪,最重要的就是要自我要求,自我约束,自我对照,自我反省,自我检查。

自律就是自我约束,按照礼仪规范严格要求自己,知道自己该做什么,不该做什么。

(4)遵守的原则

在交际应酬中,每一位参与者都必须自觉、自愿地遵守礼仪,用礼仪去规范自己在交往活动中的言行举止。

遵守的原则就是对行为主体提出的基本要求,更是人格素质的基本体现。遵守礼仪规范,才能赢得他人的尊重,确保交际活动达到预期的目标。

(5)适度的原则

应用礼仪时要注意把握分寸,认真得体。

适度就是把握分寸。礼仪是一种程序规定,而程序自身就是一种"度"。礼仪无论是表示尊敬还是热情都有一个"度"的问题,没有"度",施礼就可能进入误区。

（6）真诚的原则

运用礼仪时，务必诚信无欺，言行一致，表里如一。

真诚就是在交际过程中做到诚实守信，不虚伪、不做作。交际活动作为人与人之间信息传递、情感交流、思想沟通的过程，如果缺乏真诚则不可能达到目的，更无法保证交际效果。

（7）从俗的原则

由于国情、民族、文化背景的不同，必须坚持入乡随俗，与绝大多数人的习惯做法保持一致，切勿目中无人，自以为是。

从俗就是指交往各方都应尊重相互之间的风俗、习惯，了解并尊重各自的禁忌，如果不注意禁忌，就会在交际中引起障碍和麻烦。

（8）平等的原则

平等是礼仪的核心，即尊重交往对象，以礼相待，对任何交往对象都必须一视同仁，给予同等程度的礼遇。

礼仪是在平等的基础上形成的，是一种平等的、彼此之间的相互对待关系的体现，其核心问题是尊重以及满足相互之间获得尊重的需求。在交际活动中既要遵守平等的原则，同时也要善于理解具体条件下对方的一些行为，不应过多地挑剔对方的行为。

2.1.3 物流企业礼仪的基本规范

迎来送往，接待洽谈、磋商签约、款项收付、货物交接等是物流企业人员所从事的经商、经营等一切活动。

1）物流企业员工着装仪表规范

①统一着装。窗口员工在工作时间必须统一着装，佩戴工号牌，服装整洁干净，不得戴帽子、穿拖鞋。

②仪表大方。员工应保持仪表端庄，不染彩色头发，头发梳理整齐，指甲常修。男员工发不过耳，胡须刮净；女员工发型要整洁，不披头散发，化妆要适度、大方，不戴过多饰品。挂牌上岗，工号牌统一挂在左胸前；

③举止文明。坐、立姿势要端正，坐时不能跷二郎腿或斜靠在椅背上；站立时要自然站立，不可双手叉腰，上体摆动。看要自然，听要专注；

④言语和蔼。说话亲切，对客户询问应有问必答，音量要适中，使用礼貌语言，不讲粗言秽语，更不能使用禁语；

⑤微笑服务。亲切、真诚、友好地对待客户，做到主动、耐心、热情、周到。愉快解答每一位客户的疑问，不以貌取人，不厚此薄彼；

⑥礼貌待客。为客户服务时,不怠慢客户和流露出厌烦情绪,对客户提出的批评或建议,虚心接受,遇有自己无法处理的问题,要及时请示部门主管或领导,做好解释工作,严禁与客户发生顶撞争吵;

⑦工作认真。熟悉本岗位规章制度,能独立完成每笔业务,严格要求自己,对工作有高度责任感;

⑧作风严谨。不迟到早退,不无故脱岗,上午提前 10 分钟到岗,做好工作准备。不在工作时间内聊天、打牌、下棋、嬉笑、打闹。工作时间做到不串岗、不吸烟、不吃零食、不看杂志小说、不玩电子游戏。

小知识

西方学者雅伯特·马布蓝(AlbertMebrabian)教授所讲的 7/38/55 定律。

一个信息的传递 =7% 的语言信号 +38% 的语音信号 +55% 的视觉信号

如果将公式中承担某个信息传递的各种载体的负荷量进行分解。其中,语言占 7%;语音(语调、音频、语速、音色等)占 38%;视觉信号(外貌,着装,面部各个器官的动作及身体姿态等)占 55%。

根据此定律,在整个表现上旁人对你的观感,只有 7% 取决于真正谈话的内容;而有 38% 在于辅助表达这些话的方法,也就是口气、手势等;却有高达 55% 的比重决定于:你看起来够不够分量,够不够有说服力,一言以蔽之,也就是你的"外表"。由此可见,在交往之初,人的外表起着重要作用。

好形象是敲门砖,坏形象是绊脚石。因此,注重形象是每一个人应该从现在开始就必须密切关注的问题。

2)物流企业人员的语言规范

(1)文明用语礼仪

①客户前来办理业务时,应起立相迎并主动说:"您好,您需要办理什么业务";

②客户办完业务时,应说:"欢迎您再来"或"再见,请走好";

③业务较忙时,应向客户说:"请稍等"。客户等待时间较长时应说:"对不起,让您久等了";

④客户站错窗口时应说:"对不起,请到××窗口办理";

⑤客户填错表单时应说:"对不起,您的××填错了,请您重新填写一份";

⑥退回客户材料时应说:"请收好"或"请您清点一下";

⑦发生工作失误时,应主动向客户道歉:"对不起,请您原谅"或"实在对不起";

⑧遇见熟人前来要求优先办理业务时,应说"真对不起,现在人很多,请排队等一会儿";

⑨经办人员遇有急事不得不停下业务去处理时,应对客户讲:"对不起,请您稍等一下";

⑩客户提供的材料不符合业务规定时应说:"对不起,您的××材料不符合业务要求,请按要求提供";在不能满足客户的要求时应说:"实在对不起,您的要求我们暂时还无法满足"。

（2）电话礼仪

在物流商务交往中,接打电话实际是在为通话者所在单位和通话者本人绘制一幅重要的电话形象。它体现出个人的素质、待人接物的态度以及通话者所在单位的整体水平。如:

①接电话时:"您好,这里是……,请讲话";

②来电话找人时:"请稍等";

③对方所找的人不在时:"××不在,您有事需要转告吗";

④对方打错电话时:"您打错了,这里是……";

⑤向外打电话时:"您好,请找一下×××,谢谢";

⑥感谢对方或代接电话者,并有礼貌地说声"再见"。

小知识

"通话三分钟"原则

打电话应遵循"通话三分钟"原则,三言两语尽快把事情说完。打电话时,每个人开口所讲的第一句话,都事关自己给对方的第一印象,所以应当慎之又慎。在通话时,若电话中途中断,按礼节应由打电话者再拨一次。拨通以后,须稍作解释,以免对方生疑,以为是打电话者不高兴挂断的。通话结束前,应道"再见"。按照惯例,电话应由拨电话者挂断。挂断电话时,应轻放话筒。讲话应简捷、明了、清晰、柔和,嘴与话筒之间要保持3厘米左右的距离。

（3）手机礼仪

随着手机的日益普及,手机已经深入人们的生活。无论是在社交场所还是工作场合放肆地使用手机,已经成为礼仪的最大威胁之一,手机礼仪越来越受到关注。工作场所使用手机应注意:

①文明使用。办公室、仓库等公用场合,不可以旁若无人地使用手机,应该尽

量把自己的声音压低以免打扰其他人。

在会议中、和别人洽谈业务的时候,最好的方式还是把手机关掉,起码也要调到振动状态。这样既显示出对别人的尊重,又不会打断发话者的思路。

②安全使用。油库员工上班时应关闭手机,物流企业员工在作业现场开移动电话时,还应注意周围有无禁止无线电发射的标志。

③置放到位。上班时,手机在没有使用时,都要放在合乎礼仪的常规位置。不管怎样,都不要在没用的时候放在手里或挂在上衣口袋外。放手机的常规位置有:一是随身携带的公文包里(这种位置最正规)。二是上衣的口袋里。

（4）短信礼仪

在会议中、和别人洽谈的时候使用手机接收短信,应设定成振动状态,不要在别人注视你的时候查看短信。

在短信的内容选择和编辑上,应该和通话文明一样重视。因为通过你发的短信,反映了你的品味和水准。所以不要编辑或转发不健康的短信,特别是一些带有讽刺伟人、名人甚至是革命烈士的短信,更不应该转发。

3）物流企业的网络礼仪

（1）什么是网络礼仪

有人认为:"网络礼仪"是指在网上交流信息时被嘉许的各种行为,英文名字叫 Netiquette。在因特网上人与人之间的交流,由于各种环境因素,对方未必可以完全正确理解您所表达的意思。很容易陷入"言者无意,听者有心"的困境。所以,网络虽然是一个"不受制约"的地方,但应有的规范是必须的,毕竟面对的也是和你一样有血有肉有感情有思想的人,甚至是各行各业的精英,必须更加注意自己的言行举止。Internet 是一个协作的环境,牢记这一点非常重要。如果人们滥用 Internet,协作精神就会处于危险的崩溃边缘。所以,熟悉网络礼仪是使用网络者在网络中成长的第一步。

（2）网络礼仪的基本原则

①人本主义原则。人本主义是首要原则,在线回答客户问题及沟通时不能粗劣和无礼,当着人家面不能、不会说的话在网上也不要说。

②网上网下行为一致性原则。网上的道德和法律与现实生活是相同的,千万不能认为在网上面对电脑就可以随随便便。传统的通信道德礼仪完全适用于现代的网络世界。

③入乡随俗、尊重他人原则。客户群内聊天一般是许多人在一起,应该注意:不要发表污秽的言论,不发表过于长篇的言论,不要重复某一句话,针对某一个人

时,要先标明对方的姓名或者邀请他到单独的聊天室。回复电子信件时,请适当附带上原文,这样别人知道你是为什么而回复的,同时每一封信,都要标明一个主题。

④不随意公开客户信息,尊重他人的隐私原则。编写客户档案,应注意客户信息的使用范围,要尊重他人的隐私。未经客户同意不允许将客户信息在网上发布。

2.2　物流企业中的职业素养

案　例

有一个员工,在离职前的最后一天,坚持参加公司的会议,参与讨论问题,这些我们都可能做得到;但是他在下班前,真的开出了两张《文件修正申请单》,请问你能做到吗?

另外有一个员工,到下班时已经晚上10:00过了,当他回家已经走到大街上时,忽然想到E3系统一个地方数据错了。此时你会怎样做呢?也许很多人都会选择第二天早上来上班时再改,但这位员工的选择却是:马上掉头回来,改了再回家……

也许你会说,这些都是小事。但正是这些小小的事,体现的是一个人的职业素养。

我认为这就是一种敬业精神,令人佩服!

由卷首案例中我们知道了职业素养则是大部分潜伏在水底,如同冰山有八分之七存在于水底一样,然而正是这八分之七的隐性素养部分支撑了一个员工的显性素养部分。

2.2.1　职业素养的含义

职业素养是个很大的概念,专业是第一位的,但是除了专业,敬业和道德是必备的,体现到职场上的就是职业素养;体现在生活中的就是个人素质或者道德修养。

职业素养是人类在社会活动中需要遵守的行为规范。个体行为的总合构成了自身的职业素养,职业素养是内涵,个体行为是外在表象。因此,职业素养是一个人职业生涯成败的关键因素。职业素养量化而成"职商",英文为career quotient,简称CQ。也可以说一生成败看职商。职业素养一般包含以下四个方面:

①职业道德;

②职业思想(意识);

③职业行为习惯;

④职业技能。

上述四项中,前三项属世界观、价值观、人生观范畴的产物,是职业素养中最根基的部分。从出生到死亡逐步形成,逐渐完善。而后一项,通过学习、培训比较容易获得。例如,计算机、英语、建筑等属职业技能范畴的技能,可以通过3年左右的时间令我们掌握入门技术,在实践运用中日渐成熟而成专家。可企业更认同的道理是,如果一个人基本的职业素养不够,比如说忠诚度不够,那么技能越高的人,其隐含的危险越大。

2.2.2 物流企业员工的职业道德基本规范

1)职业道德

职业道德是指所有从业人员在职业活动中应该遵循的行为准则,是一定职业范围内的特殊道德要求,即整个社会对从业人员的职业观念、职业态度、职业技能、职业纪律和职业作风等方面的行为标准和要求。

2)职业道德的内涵

①职业道德的内容反映了鲜明的职业要求。职业道德总是要鲜明地表达职业义务、职业责任以及职业行为上的道德准则。

②职业道德的表现形式往往比较具体、灵活、多样。它总是从本职业的交流活动的实际出发,采用制度、守则、公约、承诺、誓言、条例,以至标语口号之类的形式,这些灵活的形式既易于为从业人员所接受和实行,而且易于形成一种职业的道德习惯。

③职业道德既调节从业人员内部关系,又调节从业人员与其服务对象之间的关系。

④职业道德既能使一定的社会或阶级的道德原则和规范"职业化",又使个人道德品质"成熟化"。

3)职业道德的特点

职业道德与一般道德有着密切的联系,同时又有行业性、广泛性、实用性、时代性等自己的特点。

(1)行业性

职业道德是与人们的职业紧密相连的,物流企业职业道德规则只适用于物流领域的职业活动,鲜明地体现着社会对物流行业职业活动的特殊要求。

（2）广泛性

职业道德是职业活动的直接产物。职业活动是作业成绩最基本的实践活动之一，只要有职业活动，就体现一定的职业道德，职业道德渗透在职业活动的方方面面，比一般道德更直接更全面地反映一个社会的道德水准和道德风貌。

（3）实用性

职业道德是根据职业活动的具体要求，对人们在职业活动中的行为用条例、章程、守则、制度、公约等简明的形式作出规定，这些规定具有很强的针对性和可操作性，简便易行，具体实用，易于从业人员理解和遵行。

（4）时代性

由于职业活动是代代相传的，因此不同时代的职业道德有许多相同的内容。但由于事物都是随着时代的变化而变化的，职业道德也随着时代的变化而不断发展，因此每一时期的职业道德，都从一个侧面反映了当时整个社会的道德现实状况，在一定程度上贯穿和体现着当时社会道德的普遍状况和科技的进步。在变化过程中，一些新的行业诞生，新的行业职业道德规范也应运而生。

4）职业意识

（1）职业意识

职业意识是人们对职业劳动的认识、评价、情感和态度等心理成分的综合反映，是支配和调控全部职业行为和职业活动的调节器，它包括创新意识、竞争意识、协作意识和奉献意识等方面。

职业意识是约定俗成、师承父传的。职业意识是用法律、法规、行业自律、规章制度、企业条文来体现的。职业意识有社会共性，每个行业或企业也有相通的地方。它是每一个人从事你所工作的岗位的最基本，也是必须牢记和自我约束的。

（2）职业意识的类型

①诚信意识。古人曰，人无信不立，人而无信，不知其向。市场经济是信用经济，一个企业、一个职业人的市场信誉是可以用价值（金钱）来度量的（信誉度）。所谓名牌、品牌可以作为无形资产进行产权交易就是这个道理。

②顾客意识。大家都明白一句话，顾客是上帝，心术不正者往往把"上帝"作为宰上一刀的对象。

顾客是商品的接受者、选择者，购买的决定者，顾客是商家的衣食父母，对待顾客的态度，实质上就是对待自己"饭碗"的态度。市场的回报是公平又残酷的。

③团队意识。团队与社会、整体是统一的，但有时又是矛盾的、对立的，所以要

正确处理与社会、整体之间的关系,我们研究的是在遵守法律、法规、服从社会利益和整体利益的前提下应该具备的。

我们一个企业就是一个独立的社会经营团队,是由我们所有员工所组成的一个利益共同体,由我们大家来维护、创造。我们应该维护团队的声誉和利益;不说诋毁团队的话,不做损害团队的事;保守团队的商业秘密;积极主动地做好团队中自己的工作,及时提出有利于企业发展的合理化建议;尊重和服从领导,关心与爱护同事;建立团队内部的协作机制;部门、同事之间开展有效、健康的合作竞争,互为平台、互通商机、共同进步。

④自律意识。分清职业与业余的不同,从而在扮演职业角色时,能够克制自己的偏好,克服自己的弱点,约束自己的行为。

⑤学习意识。时代进步、社会发展突飞猛进,新的知识不断出现。每个人要想使自己有所成就,只有具备良好的学习心态、意识,不断充电、吸氧,与时俱进,才能使自己跟上时代步伐,才有可能实践人生价值,获得事业上的成功。

5)物流企业员工的职业道德的基本规范

(1)爱岗敬业

要求物流从业人员以正确的态度对待职业劳动,努力培养自己对所从事的物流工作的幸福感和荣誉感。

(2)诚实守信

实施综合物流服务的物流企业尽管从总体上讲是独立经营,但其内部环节相当复杂,尤其在涉及仓储、运输、联运,甚至国际联运的情况时。一般情况下,企业在各服务全程的两端及中间各转接点处均设有自己的子公司或办事处等形式的派出机构或分支机构,处理有关服务业务中所需的一系列事务。这就要求物流从业人员必须坚守诚实守信的职业操守。

(3)办事公道

所谓办事公道就是指导物流从业人员在处理物流业务过程中,要站在公正的立场上,按照同一标准和同一原则办事。

(4)服务客户

无论是现代物流管理追求的服务目标,还是快捷目标和安全性目标,其中心是提高物流服务的质量以及客户的满意度。因此,物流从业必须树立服务意识,才能做好物流业务活动。

（5）奉献社会

奉献社会是每一种职业道德都必须坚守的操守。奉献社会就是全心全意为社会作贡献，是为人民服务精神的最高体现。

6）物流企业员工基本工作职责规范

①遵守物流企业各项规章制度；

②遵守本岗位所属部门的各项管理细则；

③遵循企业利益第一的原则，自觉维护企业利益；

④严格按企业管理模式运作，确保工作流程和工作程序的顺畅高效；

⑤按岗位描述要求按时、按质、按量完成各项工作和任务，并接受监督检查；

⑥按时完成自身岗位所分解的工作指标，按规定时限完成任务；

⑦确保外出活动登记表记载真实，并接受监督检查；

⑧监督检查同事的行为活动和工作，发现问题及时指出并帮助改进，拒不接收者应及时上报；

⑨对规章制度、工作流程中不合理之处及时提出并报直接上级，确保工作与生产的高效；

⑩努力提高自身素质和技术业务水平，积极参加培训、考核；

⑪根据自己岗位变化提出自身培训计划报直接上级，提高自身岗位工作能力。

⑫根据自身岗位实际情况提出合理化的建议。

7）物流企业员工行为规范

为了完善个人形象，发挥个人魅力，成为企业的宝贵财富，物流企业员工应遵循以下行为规范。

①忠于职守，不做有损物流企业的事，时刻维护企业的利益，树立物流企业的良好形象；

②按时上下班，不迟到、早退；

③在工作场所讲普通话，不大声喧哗，不影响他人办公；

④为了增进团队协作精神，上下级之间、员工之间在早晨上班，与同事第一次相见时应主动招呼"您早"或"您好"，下班互道"再见"等；

⑤待人接物态度谦和，诚恳友善。对来宾和客户委办事项应力求周到、机敏处理，不得草率敷衍或任意搁置不办；

⑥为了大家的健康，工作场所请勿吸烟；

⑦中午就餐请勿饮酒，以免影响下午的正常工作；

⑧为了创造舒适的办公环境,应随时保持本岗位所辖范围的清洁卫生;

⑨爱惜使用并妥善保管办公用品、设备;桌面物品摆放整齐有序;下班前必须将所有文稿放置妥当,以防止遗失、泄密;

⑩上班时间不看与工作无关的报纸、杂志或书籍;

⑪听音乐、吃东西、喝饮料等,不要影响他人;

⑫为了公司的安全不要将亲友或无关人员带入办公场所;

⑬为了保持公司电话线路的畅通,因私打电话或接听电话请不要超过3分钟,另外,请不要使用总机拨打电话或长时间接听电话;

⑭公司允许员工因私使用长途电话或长途传真,但须经行政部同意,并根据电信局有关规定缴纳话费;

⑮为了保证办公设备的正常工作,未经行政部允许请不大量打印、复印个人资料;

⑯在下班后离开办公室时,请注意关闭自己的计算机,以减少没有必要的消耗;

⑰注意防火、防盗,发现事故隐患或其他异常情况立即报有关部门处理,消除隐患。

【做一做】

一、经典案例阅读

某物流企业服务规范

为打造公司知名服务品牌,树立良好的企业形象,以"用心服务 共创价值"为核心理念指导,不断提高产品服务质量,规范服务行为,提升服务水平,制订本规范。本公司将坚决贯彻"以客户为中心"的服务方针,超越用户满意度是我们的服务的最终目标。

1. 工作态度

服从领导安排和工作调配,积极为公司的发展献计献策。

严于职守——遵守本公司一切规章制度,忠于职守,尽职尽责,对外保守本公司业务机密。

正直诚实——对上级领导、同事和客户要以诚相待,不得敷衍塞责或阳奉阴违。

团结协作——分工明确,职责清楚,工作中遇到问题不得互相推诿,应积极协调,互相配合,同心协力解决困难。

创新高效——发扬主动、创新的精神。根据"一切以客户为中心"的原则,优质高效地完成所担负的任务。

2.服务态度

礼貌——这是对客户和同事最基本的态度,任何时刻应使用礼貌用语,"请"字当头,"谢"字不离口。

乐观——以乐观的态度接待客户。

友善——"微笑"迎接客户和与同事相处。

热情——尽可能为客户提供方便,周到热忱。

耐心——对客户的要求应认真、耐心地聆听,并尽量在不违背公司规定的前提下办理。

平等——一视同仁地对待所有客户,不能有贫富亲疏之分,厚此薄彼。与人交谈应用礼貌用语,不得说脏话。对客户提出的询问、疑难、要求、意见要认真倾听,在不违背保密制度的原则下,有问必答,并做到回答准确。对自己无把握回答的,应婉转地表示歉意,联系有关的人员给予解答,或留下文字记录,及时予以答复。

想一想:

1.此服务规范的目标是什么?

2.此服务规范对一般物流企业有何借鉴作用?

二、实训活动

◎ 内容

电话礼仪活动训练。

◎ 目的

掌握电话沟通中的基本礼仪。

◎ 人员

①实训指导:任课老师;

②实训编组:学生按4～6人分成若干组,每组选组长及记录员各一人。

◎ 时间

2课时

◎ 步骤

请对照下述场景布置教室,然后分组进行电话礼仪训练。

①接电话训练：

场景：(时间：某天上午,地点：华南集团办公室内,人物：办公室秘书小张(女),访客。道具：办公桌、电脑、电话、记录本、笔。)

电话铃响两声后小张接起电话,左手持听筒,右手拿笔。

小张：您好,华南集团办公室。

访客：您好,我是西海公司刘助理,请问是张秘书吗?

小张：我是,请问您有什么事吗?

访客：我公司王经理明天上午九点将到贵集团设计部洽谈联合开发新产品事宜。

小张：好的,西海公司王经理明天上午九点到我集团,对吗?(同时在本子上记录),请放心,我会向我们刘总汇报并通知设计部负责人。

访客：谢谢!

小张：请问您还有别的事吗?

访客：没有了。

小张：谢谢致电,再见!"(等对方先挂电话)

小贴士

1. 接听电话程序：

①电话铃响两声之后迅速接听起,左手持听筒右手拿笔；

②问候对方并自报家门；

③询问来电事项；

④汇总并确认来电事项(复述一遍,如果对方没有异议,即可结束通话;如果对方有异议,或有不确定的地方,则需再重复一遍,确认无误)；

⑤礼貌地结束电话；

⑥让对方先挂电话。

2. 接听电话注意事项：

①接听要及时(铃响两声迅速接听,超过三声后拿起电话首先致歉"对不起,让您久等了")。

②应答要礼貌。

③说话要有停顿,给出对方讲话时间,长短把握好。(老师可示范不停顿讲话,让学生直观感受到不同)。

④做好记录,记录要准确无误。

②拨打电话礼仪——电话通知：

场景：(时间：某天上午，地点：某公司经理办公室内，人物：办公室工作人员小李(女)、供应科王科长，道具：办公桌、电脑、电话、记录本、笔。)

小李：您好，是供应科吗？

供应科王科长：是的。请问您有什么事吗？

小李：我是办公室小李，请王科长接个电话，谢谢！

供应科王科长：我就是。

小李：王科长，您好，我是办公室小李，今天下午2点在3楼会议室由刘经理主持召开厂务会，请您准时参加。

供应科王科长：知道了，我会按时参加。

小李：谢谢，再见。(挂断电话)

③拨打电话礼仪——电话邀约：

场景：(时间：某天上午，地点：某学校办公室内，人物：班主任李萍(女)、家长，道具：桌子、电话、课本、作业本、笔筒、班主任手册、笔。)

班主任李萍：您好，请问是张玲同学的家吗？

家长：是的，请问您是哪位？

班主任李萍：我是她的班主任李萍，我班将于12月7日(周日)召开家长会，届时我将向各位家长汇报孩子在校学习、生活情况；同时我还邀请了其他任课老师参加会议，如果您想了解孩子学习方面情况可以与老师们面对面进行沟通，请您到时候一定参加，好吗？

家长：好的，我会提前到校向您了解张玲最近的表现。

班主任李萍：谢谢您，再见！

④拨打电话礼仪——拜访前电话预约：

场景一：(时间：某天上午，地点：街头电话亭，人物：中职毕业生赵丹、大通公司人力资源部王部长，道具：街头电话亭、报纸、书包、文具。)

赵丹：您好，是大通公司人力资源部吗？

王部长：您好，大通公司人力资源部。

赵丹：我叫赵丹，今天看到贵公司刊登的招聘广告，我非常感兴趣，我的专业和能力完全符合贵公司的要求，我想与您约个时间前来公司面试，您看什么时间合适呢？

王部长：12月12日下午2点整，请您直接到公司人力资源部参加面试。

赵丹(掏出笔和本子边记边答)：好的，12月12日下午2点正，我已经记下了，怎么称呼您呢？

王主管：我是人力资源部主管王欣。

赵丹:喔,王主管,非常感谢您,12日下午2点我一定会准时到,再见。

小链接

拨打电话程序:

①拨打前准备好电话本、笔、记录本,入座后拿起电话;

②问好、自我介绍并确认通话对象;

③说明来电事项;

④礼貌地结束谈话;

⑤挂断电话(一般情况下,遵守谁先拨打谁先挂原则,如果对方职位高、年龄长则等对方挂机后再挂断电话)。

打电话注意事项:

①慎选时间。(不要选择午休或下班时间)

②长话短说。(遵守3分钟原则——讲电话时间不超过3分钟)

③内容规范。(学会打腹稿,理清思路再开口讲话)

④举止文雅。(例如:不要边吃东西边打电话,声音会传递你的态度)

⑤保持最优美的声音。(语速、语调要适当,老师可示范用快速、高调、低调表演)

三、撰写实训心得

◎ 要求

各小组同学两人一组,在熟悉脚本的基础上,认真练习,并按此脚本式样,各组写一个日常电话活动中不符合礼仪规范的脚本。

◎ 认识

通过活动,使学生认识到职场与生活场景是有很大的不同,职场有自己的礼仪潜规则,对自己和同学的礼仪规范进行检查,达到不断提升自己职业素质的目的。

【任务回顾】

通过本任务的学习,让我们初步认识物流企业礼仪的基本含义以及物流企业中的职业素养;通过对物流企业礼仪的实训体验,理解物流企业礼仪的基本含义、原则以及物流企业礼仪的基本规范,认识到职业素养是观念、态度和敬业的修养,是职业完善的修养。

【名词速查】

1.礼仪

人们在社会交往中,为表示、表现相互尊敬、友好而实施礼貌、礼节活动的程式和规范。

2.物流企业礼仪

这是指企业、公司从业人员以及一切其他从事经营、经济活动的人士在进行经营、经济活动中应遵守的礼仪。

3.职业道德

这是指所有从业人员在职业活动中应该遵循的行为准则,是一定职业范围内的特殊道德要求,即整个社会对从业人员的职业观念、职业态度、职业技能、职业纪律和职业作风等方面的行为标准和要求。

【任务检测】

一、单选题

1.( )是人们在社会交往中,为表示、表现相互尊敬、友好而实施礼貌、礼节活动的程序和规范。

　　A.仪表　　　　B.仪态　　　　C.礼节　　　　D.礼仪

2.( )是人们对职业劳动的认识、评价、情感和态度等心理成分的综合反映,是支配和调控全部职业行为和职业活动的调节器。

　　A.职业意识　　B.职业道德　　C.职业技能　　D.职业行为习惯

3.工作场所使用手机应注意( )。

　　A.文明使用　　B.安全使用　　C.置放到位　　D.ABC

4.( )是指所有从业人员在职业活动中应该遵循的行为准则,是一定职业范围内的特殊道德要求。

　　A.职业意识　　B.职业道德　　C.职业技能　　D.职业行为习惯

二、多选题

1.下列属于物流企业礼仪的原则有( )。

　　A.宽容的原则　B.敬人的原则　C.自律的原则　D.遵守的原则

2.网络礼仪的基本原则有( )。

　　A.人本主义原则　　　　　　　B.网上网下行为一致性原则

C. 入乡随俗、尊重他人原则

D. 不随意公开客户信息、尊重他人的隐私原则

3. 职业素养一般包含( )。

A. 职业道德   B. 职业思想（意识）

C. 职业行为习惯   D. 职业技能

4. 职业道德的特点有( )。

A. 行业性   B. 广泛性   C. 实用性   D. 时代性

5. 职业意识的类型有( )。

A. 诚信意识   B. 顾客意识   C. 团队意识   D. 自律意识

E. 学习意识

三、判断题

1. ( ) 仪式是企业获得市场形象、得到更多资源支持的一种态度。

2. ( ) 职业意识是因法律、法规、行业自律、规章制度、企业条文来体现的。

3. ( ) 职业技能总是鲜明地表达职业义务、职业责任以及职业行为上的道德准则。

4. ( ) 职业道德既调节从业人员内部关系，又调节从业人员与其服务对象之间的关系。

四、思考题

1. 简述物流企业员工着装仪表规范？

2. 简述职业道德的内涵？

3. 简述物流企业员工的职业道德的基本规范？

参考答案

一、单项选择题

1. D   2. A   3. D   4. B

二、多项选择题

1. ABCD   2. ABCD   3. ABCD   4. ABCD   5. ABCDE

三、判断题

1. ×   2. √   3. √   4. ×

四、思考题

1. 简述物流企业员工着装仪表规范？

（1）统一着装。

(2)仪表大方。

(3)举止文明。

(4)言语和蔼。

(5)微笑服务。

(6)礼貌待客。

(7)工作认真。

(8)作风严谨。

2.简述职业道德的内涵？

(1)职业道德的内容反映了鲜明的职业要求。职业道德总是要鲜明地表达职业义务、职业责任以及职业行为上的道德准则。

(2)职业道德的表现形式往往比较具体、灵活、多样。它总是从本职业的交流活动的实际出发，采用制度、守则、公约、承诺、誓言、条例，以至标语口号之类的形式，这些灵活的形式既易于为从业人员所接受和实行，而且易于形成一种职业的道德习惯。

(3)职业道德既调节从业人员内部关系，又调节从业人员与其服务对象之间的关系。

(4)职业道德既能使一定的社会或阶级的道德原则和规范"职业化"，又使个人道德品质"成熟化"。

3.简述物流企业员工的职业道德的基本规范？

(1)爱岗敬业。

(2)诚实守信。

(3)办事公道。

(4)服务客户。

(5)奉献社会。

任务 3
基本业务活动中的客户服务规范

教学要求

1. 陈述仓储的含义及功能；

2. 领悟物流仓储的客户服务规范；

3. 清楚运输业务的含义及原则；

4. 描述物流运输业务的客户服务规范；

5. 理解配送业务的含义及功能；

6. 感悟物流配送业务中客户服务规范。

学时建议

知识性学习：10 课时

案例学习讨论：4 课时

现场观察学习：6 课时（业余自主学习）

【导学语】

物流企业基本业务活动主要有哪些？在完成基本业务活动中有哪些具体规范？

物流企业的基本业务是不是就是装卸搬运？

物流企业基本业务活动规范不就是保证客户货品安全，工作中轻拿轻放吗？

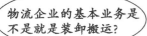

特殊的退货政策让诺斯拉姆公司快速发展

美国的诺斯拉姆公司是一家零售连锁店，初创时期的一个故事在公司内部流传至今：有一天一个顾客来到商店想退掉一副汽车轮胎，售货员不是很清楚自己应该怎样处理这个问题，就在顾客与售货员交谈时，诺斯拉姆先生路过此处，并听到谈话内容，他立即走过去，问顾客是花多少钱买下这副轮胎的，然后让售货员收回轮胎，把钱全数退给顾客。顾客拿着钱离开后，这位售货员困惑地看着老板说："诺斯拉姆先生，我们没有卖过轮胎呀。""我知道，"他的老板说，"但无论如何我要让顾客满意。我说过，顾客退货时，我们不提任何问题，这是我们的退货政策，必须做到这一点。"然后，诺斯拉姆先生打电话给一个在汽车配件厂的朋友，问他愿意出多少钱拿走那副轮胎。

读完这个故事，你是否认为老板很傻！其实不然，关键时刻是我们的服务超越顾客的期望！为顾客提供超值服务。当越来越多的顾客感受到企业的超值服务，关键时刻深入人心，那他们将成为企业最忠实的支持者。

其实任何企业都一样，只有练好"内功"，才能给客户提供优质的服务！那物流企业如何练好"内功"呢？我们一起来学习本章内容吧！

【学一学】

3.1 物流仓储业务中的客户服务规范

3.1.1 仓储的概述

1)物流仓储的含义

"仓"也称为仓库,是具有存放和保护物品功能的建筑物和场地,可以是房屋建筑、大型容器、洞穴或者特定的场地等;"储"表示收存以备使用,具有收存、保管、交付使用的意思,当面向有形物品时也称为储存。

"仓储"则为利用仓库存放、储存未即时使用的物品的行为。中华人民共和国国家标准物流术语中对仓储定义为:利用仓库及相关设施设备进行物品的进库、存储、出库的作业。

仓储的形成源于社会产品供求的时空差异和产品加工过程中出现的必要停顿,当产品不能被即时消耗掉,需要特定的场所存放时,就产生了静态的仓储。而将物品存入仓库以及对于存放在仓库里的物品进行保管、控制、提供使用等的管理,便形成了动态仓储。可以说仓储是对有形货物提供存放场所、货物存取过程和对存放物品的保管、控制、包装、分拣、整理的过程。

2)物流仓储的性质

物流仓储的性质可以归结为:仓储是物质产品的生产持续过程,物质产品的仓储也创造着产品的价值;仓储既有静态的物品储存,也包含动态的物品储存、保管、控制、包装、分拣、整理的过程;仓储的对象既可以是生产资料,也可以是生活资料,即必须是可以运输的实物。

3)物流仓储的功能

(1)保障社会再生产顺利进行

仓储是由生产率的提高造成的,同时仓储的发展又促进了生产率的提高。良好的仓储条件是确保生产规模的进一步扩大,促进专业分工的进一步细化,劳动生产率进一步提高的必要条件。仓储具有调整生产和消费的时间差别与地域差别的"蓄水池"功能,维持了市场稳定。所以说,仓储保障了社会再生产顺利进行。

（2）衔接流通过程

商品从生产到消费，需要经过分散、集中、分散的过程，还可能需要经过不同运输工具的转换运输，为了有效地利用各种运输工具，降低运输过程中的作业难度，减少物流成本，这中间物品需要通过仓储进行候装、配载、包装、成组、分批、疏散等。为了满足销售的需要，商品在仓储中进行整合、分类、拆除包装、重新包装、配送等处理和存放。另外，仓储在现货交易中，往往还具有商品陈列的功能，供购买批量产品的客户查看货物。

（3）保存劳动产品价值

生产的商品在消费前必须保持其使用价值，否则将会被废弃。而这项保值的任务只能靠仓储来承担，在仓储过程中对产品进行保护、管理，防止损坏而丧失产品价值。

（4）市场信息的传感器

任何产品的生产都必须满足社会的需要，生产者应关注市场需求的动向。而商品市场信息收集的渠道之一，就是观察社会仓储变化。仓储量减少，周转量增大，表明社会需求强烈；反之，则表明厂家生产产品供大于求，其原因可能是产品需求减少或者表明该产品竞争力降低，或者生产规模不符合市场需求。从仓储环节所获得的信息虽然比销售环节所得到的信息滞后，但更为集中和准确，信息反馈快捷，信息成本极低。因此，现代企业对仓储环节反馈的信息极为重视，往往将仓储量的变化作为决定生产的依据。所以，当今物流企业客户服务的一项重要工作就是帮助客户收集商品仓储信息，为生产企业、销售企业的生产提供有效的仓储数据及分析报告。

（5）减少物流成本的重要途径

众所周知，在物流成本构成的各环节中，仓储成本是物流成本的最重要的组成部分之一。这是因为物品在物流过程中相当一部分时间处在仓储之中，在仓储中进行运输整合、在仓储中进行配送准备、在仓储中进行流通加工，也在仓储中根据市场调整供给等。因此，在现代物流管理中，减少成本的重要途径之一，就是重视仓储管理，减少仓储成本从而达到降低总成本的目的。

（6）提供信用保证

进行大宗实物交易时，购买方必须检验货的存在和货物的品质，方可成交。购买方可以到仓库查验货物。由仓库保管人出具的货物仓单可以作为实物交易的凭证，作为对购买方提供的保证。同时，仓库保管人出具的仓单本身还可以作为一种融资工具，即可以使用仓单进行质押。

（7）陈列商品

存货客户要转让已在仓库存放的商品时,购买方可以到仓库查对商品,取样化验。此时的仓储的功能体现了陈列商品的功能。双方可以在仓库进行转让,在仓库进行转让交割。目前国内众多的批发交易市场,就是既有商品存储功能的交易市场,又有商品交易功能的仓储。众多具有便利交易条件的仓储都提供交易活动服务,甚至部分已形成有影响的交易市场。近几年大量发展的仓储式商店,就是仓储交易功能高度发展,集仓储、陈列展示与交易一体的综合体。

3.1.2　物流仓储的客户服务规范

1）仓储的作业

仓库管理作业主要由入库、在库管理、出库三个阶段组成,按其作业顺序可细分为:接运、验收、入库、日常管理、保养和出库交付等六个环节。

（1）入库管理

入库管理主要包括进货检查和入库作业项目,主要内容有:

①核对进货商品和进货清单（数量和质量核对）;

②贴附保管条形码;

③在流动场所放置货物时,装入入库商品及物品的货架号后保管;

④在固定场所放置货物时,在贴附条形码的货架中保管。

（2）在库管理

在库管理主要包括保管、发货准备作业项目,主要内容有:

①查在库量是否适当;

②核查库存实物与账目是否相符并保存库存记录;

③掌握库存物在库时间;

④根据客户的要求进行包装作业;

⑤按客户的要求贴附价格等有关标签。

（3）出库管理

出库管理主要包括发货、配送作业项目,其主要内容有:

①装箱商品和小件商品划分备货;

②将客户订单与备货品进行核对;

③按不同配送对象分拣包装;

④根据发货数量进行派车;

⑤装车后进行装载确认。

2）仓储作业岗位服务规范

（1）入库管理员

入库管理员主要职责如下：

①在货物入库过程中选用搬运工具与调派工作人员，并安排人员的工作时间、地点、班次与工具使用时间等；

②制定相应的货物入库管理制度及工作流程；

③负责货物的合理及安全存放；

④建立货物入库台账，每天进行货物入库记录及统计；

⑤严格按手续办理产品入库；

⑥对退货及换货产品进行另类统计。

入库管理员作业操作流程如图3.1所示。

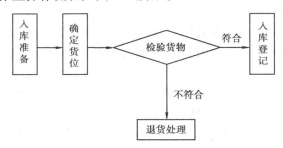

图3.1　入库管理员岗位操作流程图

（2）保管员

①保管员主要职责：

● 负责保管区内物资的保管工作，对保管区内的货物，做到账、卡清楚，账卡物相符；

● 定期清扫保管区，保证保管区内清洁卫生，无虫害、鼠害；

● 定期检查保管区内的通风设施、照明设施、防雨防潮设施的情况，保持库区内通风、干燥、温湿度适宜；

● 定期检查保管的货物品种、数量、质量状况，定期或不定期地对保管货物进行盘点，及时掌握保管物资的动态；

● 严格执行保管区的安全检查，包括消防器材的配备及其有效性，区内电器线路的使用状况，是否存在老化、破损等安全隐患；

● 严格执行保管区内的劳动纪律，严禁非保管区人员擅自进入保管区。

②保管员主要操作流程(见图3.2):

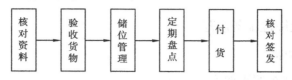

图3.2　保管员岗位操作流程

- 核对货物的入库凭证,清点入库货物,与送货人员办理交接手续;
- 对入库货物进行数量、质量和包装验收,发现问题,做出事故记录;
- 安排货物的存放地点,登记保管账、卡和货位编号;
- 定期盘点,清仓查库,向存货部门反映并处理积压、呆滞、残损、变质等异状货物;
- 根据物品的出库凭证付货;
- 对出库货物进行复核,签发出库单。

③保管员作业规范:

- 将货物面向通道进行保管库存,便于在仓库内移动、存放和取出;
- 根据货物入库时间决定发货次序,防止货物因保管时期过长而发生变质、损耗现象;
- 依据进货、发货的不同频率来确定货物的存放位置,次数频繁的货物放置在靠近仓库进出口的位置;以便货物的搬运,提高物流效率;
- 相同或相类似的货物存放在相同或相近的位置,便于分拣,提高物流作业效率;
- 根据货物的重量确定存入的位置和保管方法,较重的货物放置在地上或货架的底层,反之则放置在货架上层,便于分拣,提高物流作业效率;
- 根据货物的形状确定存放的位置和保管方法,包装标准化的货物放置在货架上保管,非标准化的货物对应其形状进行保管,便于搬运和安全作业;
- 对保管货物的品种、数量及保管位置做明确详细的标记,便于提高货物存放、拣出的物流作业效率;
- 用货架等保管设备对货物进行分层堆放保管,便于提高仓库的利用效率;
- 五或五的倍数在固定区域内堆放,使货物"五五成行、五五成方、五五成包、五五成堆、五五成层",堆放横竖对齐,上下垂直,过目知数,流动后零头尾数要及时合并,以便货物的数量控制、清点盘存。

(3)出库管理员

①出库管理员主要职责:

●负责货物出库过程中选用搬运工具与调派工作人员,并安排工具使用时段,以及人员的工作时间、地点、班次等;

●严格按照出库凭证发放货物,做到卡、账、物相符;

●严格对货物进行复查,当出库货物与所载内容不符合时应及时处理,视具体情况,对出库货物进行加工包装或整理;

●严格监督货物的装载上车,进行现场指挥管理。

②出库管理员操作流程(见图3.3):

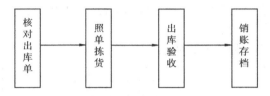

图3.3 出库管理员岗位操作流程图

(4)业务员

①业务员主要职责:

●负责仓库的市场营销和客户管理,协调仓库与外界的业务联系,树立企业形象;

●负责市场调查工作,随时掌握库存商品的市场需求动态,提出调整库存的解决方案;

●掌握库存物资的进出库动态,制订合理的物资采购计划,严格执行物资采购管理规定;

●加强业务外联,积极开拓仓库服务的业务范围,拓展仓储业务市场。

②业务员操作流程如图3.4所示。

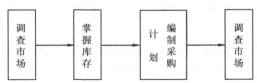

图3.4 业务员岗位操作流程图

(5)理货员

①理货员主要职责:

●核对货物品种、数量、规格、型号和重量;

●按照凭单拣选货物;

- 对拣出的货物进行复核；
- 检验货物的包装、标志，对出库待运的货物进行包装、拼装、改装或加固包装，并填写装箱单；
- 在出库货物的外包装上设置收货人的标记；
- 按货物的运输方式、流向和收货地点将出库货物分类整理、分单集中，填写货物启运单，通知运输部门提货发运；
- 对货物进行搬运、整理、堆码；
- 鉴定货运质量，分析货物残损原因，划分运输事故责任；
- 办理货物交接手续。

②理货员操作流程如图 3.5 所示。

图 3.5　理货员岗位操作流程图

(6)养护员

①养护员主要职责：

- 负责库存商品的养护工作；
- 把好物资入库关，严格管理物资入库手续，防止不合格品入库；
- 对入库物资进行合理堆垛苫垫，做到堆垛合理，安全牢固；
- 掌握库存物资的商品性能，适当安排储存场所；
- 加强仓库的温湿度管理，保持物资储存的合理温湿度；
- 采取适当的措施，防止库存商品的腐蚀和霉变；
- 对库存的特殊商品，根据其商品特性要求，采取相应的措施，保证商品在库期间数量完整、质量完好；
- 经常检查库容，保持仓库的卫生和清洁，防止鼠害和病虫害；
- 经常检查仓库的设施设备的运转情况，保证库区的储存条件经常处于良好的状态。

②养护员作业操作流程如图 3.6 所示。

(7)安全管理员

①安全管理员主要职责：

- 负责制订仓库安全管理规定，拟订各岗位安全生产管理制度；
- 负责购置和配备安全生产所需的各种设施和设备；

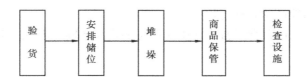

图 3.6　养护员岗位操作流程图

- 制订消防安全计划和防范措施;
- 定期进行安全生产检查和监督、消防检查;
- 定期进行安全生产、安全知识培训教育,加强安全意识;

②安全管理员操作流程如图 3.7 所示。

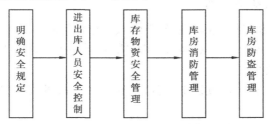

图 3.7　安全管理员岗位操作流程图

3.2　物流运输业务中的客户服务规范

3.2.1　物流运输业务的含义

1)运输的含义

物流国家标准对运输表述为:运输是指用设备和工具,将物品从一地点向另一地点运送的物流活动。其中包括集货、分配、搬运、中转、装入、卸下、分散等一系列操作。

运输是指借助于运输工具将货物在空间上进行位置移动,以期实现物流的空间效用。具体应用如下:

①运输作为生产过程的一个组成部分,是直接为产品的生产服务的,它包括原材料、在产品、半成品和成品的运输。这种物流服务的对象的生产特性决定了运输的运作组织方式,如运输的批量、运输的空间、运输的时间要求、送达的地点及路线等均不同于流通领域、城市配送、快递等物流服务。

②运输作为流通领域里的一个环节,是生产过程在流通领域的继续。其主要内容是对物质产品的运输,以社会服务为目的,完成物品从生产领域向消费领域在

空间位置上的物理性的转移过程。

③运输满足人民群众日常生活中所产生的货品运输需求,如零担运输、包裹快递、邮件等。

2)物流运输业务的功能

在物流系统的各项功能中,运输功能是核心。运输的功能是指运输所具有的基本功效和作用。运输的基本功效表现在两个方面:其一克服产品在生产与需求之间的空间矛盾实现产品转移;其二通过运输,实现产品临时储存。

3)物流运输的基本原则

物流运输具有及时性、准确性、经济性及安全性等基本原则。

①及时性原则:按照产、供、运、销实际需要,能够及时将物品送达指定地点,尽量缩短物品在途时间。

②准确性原则:在运输过程中,能够防止各种事故的发生,准确无误地将物品送交指定的收货人。

③经济性原则:通过合理选择运输方式和运输路线,有效地利用各种运输工具和设备,运用规模经济的原理实施配货方案,节约人力、物力和运力,尽可能地降低运输费用。

④安全性原则:在运输过程中,防止物品霉烂、残损及危险事故的发生,保证物品的完整无损。

3.2.2 物流运输业务的客户服务规范

1)汽车计划与调度员

(1)调度员主要职责:

①司机分配车辆的使用,以完成载货及载人的任务;

②根据行驶里程、使用的必要性及使用的目的来确定车辆;

③向司机分配钥匙、组织信用卡、记录单和货物文件;

④记录各车辆出发及返回时间及运输终点;

⑤与司机进行有关运输的交流,与客户进行有关货物特征的交流;

⑥认真贯彻执行运输组织原则,经济合理地使用动能,保证重点,安全、迅速、准确、便利地输送货物;

⑦根据运输量变化等情况,认真编制日班计划,经上级批准后下达;

⑧督促检查运输计划执行情况,发现问题,及时解决;

⑨搞好大批团体的综合货源调查,认真分析研究,根据货物流量、流向变化情况,及时向有关领导汇报,提出加开、停运或增、减车辆的建议;

⑩掌握临时开行及其他节假日大批货物的运输;并汇总货物运输的有关资料。

(2)调度员操作流程如图3.8所示。

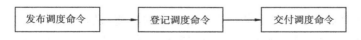

图3.8　汽车计划与调度员岗位操作流程

2)汽车押运员

(1)汽车押运员主要职责:

①随车押运货物;

②监督货物的装卸,并给予必要的指导;

③在途中对货物进行照料,并采取必要的安全措施;

④严守机密,不得向任何人泄露守护目标的位置、结构、设施和押运时间、地点、路线、数量;

⑤如发现异常情况及不安全因素,及时向有关领导反映,妥善处理。

(2)汽车押运员操作流程(见图3.9):

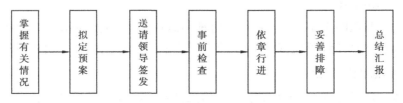

图3.9　汽车押运员岗位操作流程图

3.3　物流配送业务中的客户服务规范

3.3.1　配送服务的含义

1)配送的含义

物流国家标准中配送定义如下:配送是指在经济合理区域范围内,根据用户要求对物品进行拣选、加工、包装、分割、组配等作业,并按时送达指定地点的物流活动。

想一想:

配送与运输的区别是什么?

2)配送的功能

配送是物流系统中由运输环节派生出来的功能,是物流的主要功能之一。配送的作业内容是由运输、保管、装卸、流通加工、信息处理等要素组成,因而配送实质上是一个局部物流。配送具有存储、拣选、配货、运输、信息处理及流通加工等功能:

(1)存储功能

配送中心是物流物资的集散中心,为保证用户的需要,配送中心广泛组织货源,集中储备。配送中心一般都设有库存保管的储存区,在储存区内,为防止缺货,客户企业会因商品的特性、销售速度的不同而设置一定的案例库存,因而配送具有存储的功能。

(2)拣选、配货功能

分拣、配货是配送的独特要求,是配送的重要功能。配送面对的是众多客户的多品种、小批量需求,这些需求在物资品种、数量等方面具有很强的差异性。

(3)运输功能

送货是配送的基本任务,无论是何种形式的配送,最后都离不开"送",即运输,所以运输的功能是配送必不可少的。配送是一种短距离、多品种的运输活动。

(4)信息处理功能

配送是现代送货,必须借助于现代信息技术。准确及时的供需信息指导着配送活动的进行,配送中心不仅是物流中心,更是流通领域的信息中心。快速处理流通信息的功能,一方面为配送企业及时提供各式各样的信息情报,为其制订营运管理策略、开发商品路线、确立商品销售推广策略提供参考;另一方面配送中心功能完备的仓库管理系统,能为供应商、各客户提供极具价值的市场信息,实现配送中心与上下游企业之间信息的实时链接。

(5)配送加工功能

为满足客户对物资不同形态的需求,提高经济效益,配送中心根据客户的要求对物资进行分等、分割、包装等加工是必要的。配送中心的流通加工与制造加工不同,它不改变商品的性能和功能,仅仅是对商品的尺寸、数量和包装形式的改变。流通领域中的加工不仅可以实现客户的需求,还能进一步提升配送中心的服务质量。

3.3.2　物流配送客户的服务规范

1）接单员

（1）接单员主要职责:

①接收订单资料;

②在规定的时间内,将客户的订单进行确认和分类,并由此判断与确定所要配送货物的种类、规格、数量及送达时间;

③建立用户订单档案;

④对订货进行存货查询,并根据查询结果进行库存分配;

⑤将处理结果打印输出,如拣货单、出货单等;

⑥根据输出单据进行出货物流作业。

（2）接单员操作流程如图 3.10 所示。

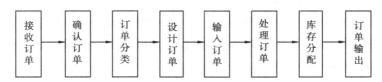

图 3.10　接单员岗位操作流程图

2）进货员

（1）进货员主要职责

①组织人员卸货;

②检验商品条形码、核对商品件数以及商品包装上的品名、规格等,对于件数不符的商品,查明原因,纠正差错;

③签盖回单。

（2）进货员操作流程

进货员操作流程如图 3.11 所示。

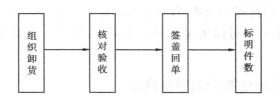

图 3.11　进货员岗位操作流程

3）仓库管理员

（1）主要职责

①熟悉物料品种、规格、型号、产地及性能,对物料查明标记,分类排列;

②按规定做好出库验收、记账、发放手续,及时搞好清仓工作,做到账账相符、账物相符;

③随时掌握库存动态,保持材料及时供应,充分发挥周转效率;

④搞好安全管理工作,检查防火、防窃、防爆设施,及时纠正不安全因素。

（2）操作流程

①接单:接收总部的接货通知单;

②落实货位:接单后,按照通知单上的货物种类、体积大小等安排货位;

③验货点收:指挥装卸工卸货,并检验将入库货物外包装的完好性、品名、规格、数量是否与入库凭证相符;

④库内堆码:在货物运入仓库后,指挥装卸工进行堆码作业;

⑤复核签收:对货物进行复核,在随货同行的入库单上签字确认,对于有问题的货物在入库单上注明;

⑥残损处理:在收货过程中发现货物有残损问题应认真调查,分清责任。如果是卸货员不慎而导致包装破损的货物应重新进行包装;如果是厂商不慎而引起的货物残损,应将其退还厂商;

⑦财务处理:建立台账、货卡,并保存入库单;

⑧保管:货物入库后,负责货物在库保养和库区卫生工作,按规定每天如实记录温湿度状况,参加每天的货物巡查工作,及时上报并参与处理各类仓储事故和各类突发事件;

⑨接单:接收总部的送货通知单;

⑩备车检查:联系运输员,备车并对车进行检查,看其是否清洁,有无防雨措施;

⑪单货核对:核对送货通知单所列的内容是否与货物一致,如发现问题,则应及时纠正;

⑫发货装车:指挥装卸工装车并清点数目,在装车时应注意不同品种、不同批次分开堆放;

⑬复核余数:对货垛剩下的货物进行清点,核对余数与账目是否相符;

⑭销账签证:在货车上销账,注明货物去向,在库存台账上销账,复核无误后,开出门证;要求司机在出库单上签收,并记下司机的身份证号码、车辆牌号;如果货物是分批出库,应在台账、提货单上逐批做记录。

仓库管理员操作流程如图3.12所示。

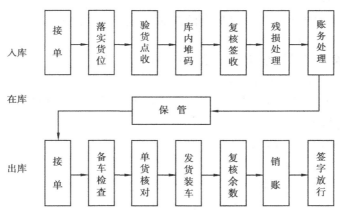

图3.12 仓库管理员岗位操作流程

4)盘点员

(1)盘点员主要职责

①通过点数计数查明商品在库的实际数量,核对库存账面资料与实际库存数量是否一致;

②检查在库商品质量有无变化,有无超过有效期和保质期,有无长期积压等现象,必要时还必须对商品进行技术检验;

③检查保管条件是否与各种商品的保管要求相符合;

④检查各种安全措施和消防设备、器材是否符合安全要求,建筑物和设备是否处于安全状态。

(2)盘点员操作流程

盘点员操作流程如图3.13所示。

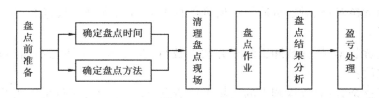

图 3.13　盘点员岗位操作流程

5）拣货员

（1）拣货员主要职责

①根据客户的订单要求，从储存的商品中将用户所需的商品分拣出来，放到发货场指定的位置，以备发货；

②熟练操作拣货作业，认真完成每日的拣货作业任务；

③做出拣货出库实绩总结和报告；

④做好拣货设备的定期检查，对设备出现不良状况时及时向保养人员报告。

（2）拣货员操作流程

拣货员操作流程如图3.14所示。

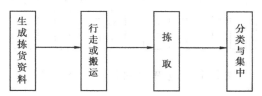

图 3.14　拣选员岗位操作流程

6）补货员

（1）补货员主要职责

根据以往的经验或者相关的统计技术方法，或者计算机系统的帮助确定最优库存水平和最优订购量，并根据所确定的最优库存水平和最优订购量，在库存低于最优库存水平时发出存货再订购指令，以确保存货中的每一种产品都在目标服务水平下达到最优库存水平。

（2）补货员操作流程

补货员操作流程如图3.15所示。

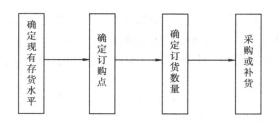

图 3.15　补货员岗位操作流程

【做一做】

一、经典案例阅读

卓越网的物流服务

1. 背景资料

亚马逊收购卓越网后,卓越网物流服务能力得到较大提升,因而卓越网向网上百货进军的步伐更大了。

2004 年 8 月 19 日,全球最大的网上零售商亚马逊(amazon.com)宣布以 7 500 万美元收购卓越网有限公司(joyo.com,下称卓越),正式进军中国电子商务市场。随着卓越成为亚马逊的第 7 个全球站点,从 2004 年年初起就闹得沸沸扬扬的"卓越当当争宠亚马逊"的风波也由此划上句点。

收购之所以备受瞩目,不仅在于达成最终交易的过程颇具戏剧性,更重要的是中国在线零售市场的竞争格局因亚马逊的进入而改变。

物流及供应链管理,是电子商务领域至关重要的一环。电子商务发展的状况是否良好,就看其供应链是否流畅,以及供应链管理理念是否领先。亚马逊收购卓越后不久,就致力于建设一个完备、通畅的物流管理体系。

2. 为什么亚马逊选择卓越

卓越与亚马逊的合作,对于双方而言,都是最合适也是最佳的决定。作为世界最大的电子商务网站,亚马逊拥有先进的互联网技术及电子商务管理理念和方式,对于提升卓越网现有管理水平大有帮助。

亚马逊 2004 年的前 5 年的年收入增长率始终保持在 47% 左右,虽然在全美25 家发展最快的大公司中排名第五,但与早期三位数的增长幅度已相形见绌。而其中一个关键因素,就是美国本土市场的萎缩。据 IDC 预测,2004 年美国的网络销售增长还会继续下滑。亚马逊不得不把眼光转向海外,并宣称要在 2005 年实现海外业务超过美国本土业务,日渐成熟且空间巨大的中国电子商务市场就成了亚马逊的必然选择。

然而,中国的电子商务环境与美国毕竟存在着巨大差异。按照亚马逊的业务模式,巨大的立体仓库和发达的物流配送是必不可少的基础,而这恰恰是中国的弱项,纯粹的亚马逊模式在中国恐怕难以通行。另外,据中国互联网络信息中心的调查结果,目前中国的网上购物只集中在书刊(63.8%)、音像制品(31.4%)等方面。而亚马逊的经营模式则是网上百货商店,其间的差异也是亚马逊不得不正视的问题。这样,亚马逊要想顺利切入中国市场,一个恰当的合作者至关重要。

卓越相对成熟的物流和经营模式成为吸引亚马逊关键因素之一,通过几年的发展,卓越不仅在北京、上海和广州拥有自己的仓库,而且拥有自己独立的快递配送系统,并在省会城市及中西部地区铺开了业务,相对国内电子商务企业来说卓越拥有比较完整的物流体系。

3. 卓越的自主配送

在北京街头,一辆辆标着卓越品牌(joyo. com)的金杯货运车疾驰而过。它们每天往返于大兴库房与市区之间,这是卓越自己所拥有的运输力量。

卓越目前的流程:客户在网上下订单后,经过订单处理中心,集中汇总到库房,然后进行拣货、配货,交由配送公司用金杯车将包装好的货品集中运输到分布全市的 8 大站点,再根据不同的送货线路分配给相关配送员,骑车将货品送到客户手中。

卓越目前拥有一家自己的配送公司——世纪卓越快递,北京市内的配送以卓越自己的力量为主。另外卓越还与另外两家快递公司"风火快递"和"风景同城"保持了长期的合作关系,在节假日的销售高峰,由这两家调动一部分运力和人力来满足卓越的业务增长需求。

此外,卓越已经在 20 余个大中城市开通了送货上门服务,对于这些城市的客户,卓越在库房配好货以后,通过货运公司运到当地的配送站点,再由业务员送货上门,这种配送站点一般没有仓库。到 2004 年年底,卓越将通过世纪卓越完成 25 个大中城市的配送工作,保证按照合同规定送到。

而在进行这种区域拓展时,就是以物流为排头兵的。对于外地订单,尤其是偏远城市,卓越主要还是委托邮局邮寄,这部分大概占卓越总货量 30%。还有一部分是海外订单,由 UPS 来做。海外订单服务才开通不久,订单数也不多,但卓越网物流副总监潘晓鸥表示,"相信随着卓越与亚马逊的合作,这部分的货量会越来多”。

4.案例评析

卓越网成为“亚马逊中国”,靠的是卓越物流排头兵的作用和成熟经营模式,使得卓越网在竞争激烈的市场中不断战胜对手。

想一想:

1.卓越网与亚马逊合作的砝码是什么?

2.讨论在全球经济危机下,卓越网依靠什么来发展自己?

二、实训活动

实训名称:配送服务的作业调查

◎ 内容

配送企业作业服务标准调查

◎ 目的

熟悉物流企业作业流程,通过练习物流各环节的操作规程和要求,将客户服务的内容及服务意识融入细节中。

◎ 人员

①实训指导:任课老师;

②实训编组:学生按 8~10 人分成若干组,每组选组长及记录员各一人。

◎ 时间

5 天

◎ 步骤

①由教师在校内组织安全教育。

②与当地某一配送企业相关部门取得联系,并组织学生集体去该企业参观。

③邀请配送企业各业务部主管介绍本部门客户服务内容。

④分组查看配送企业客户服务相关资料,并做好记录。

⑤撰写调查文档。

⑥实训小结。

◎ 要求

本次调查以配送企业服务质量标准为主,要求对各项服务标准进行分析,说明标准制订的依据及实施效果。

◎ 认识

作为未来物流企业员工,要对企业客户服务标准内容能快速理解,使我们在未来的工作中能按照企业工作标准检查自己所做的一切工作,并不断进行改进与提高。

【任务回顾】

通过本任务的学习,使我们认识了物流仓储业务中的客户服务规范、物流运输业务中的客户服务规范和物流配送业务中的客户服务规范;通过对物流仓储、运输和配送的实训体验,体验到了物流企业业务中仓储、运输和配送的客户服务对企业来说是生命线、是利润源,更是物流企业员工展示自我素养的战场。

【名词速查】

1. 仓储

这是利用仓库及相关设施设备进行物品的进库、存贮、出库的作业。

2. 运输

这是指借助于运输工具将货物在空间上进行位置移动,以期实现物流的空间效用。

3. 配送

这是指在经济合理区域范围内,根据用户要求对物品进行拣选、加工、包装、分割、组配等作业,并按时送达指定地点的物流活动。

【任务检测】

一、填空题

1. 补全保管员岗位操作流程图

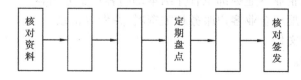

核对资料 → □ → □ → 定期盘点 → □ → 核对签发

2. 补全出库管理员操作流程图

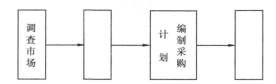

3. 补全理货员岗位操作流程图

二、多项选择题

1. 仓库管理作业主要由( )三个阶段组成。

    A. 入库　　　　B. 在库管理　　C. 出库　　　　　D. 验收

2. 仓库管理作业按其作业顺序可组成为( )环节。

    A. 接运　　　　B. 验收　　　　C. 入库　　　　　D. 日常管理

    E. 保养　　　　F. 出库交付

3. 物流运输具有( )基本原则。

    A. 及时性　　　B. 准确性　　　C. 经济性　　　　D. 安全性

4. 配送的功能有( )。

    A. 存储功能　　　　　　　　　B. 拣选、配货功能

    C. 运输功能　　　　　　　　　D. 信息处理功能

    E. 配送加工功能

三、判断题

1. ( )仓储只是静态的物品储存功能。

2. ( )运输作为流通领域里的一个环节,是生产过程在流通领域的继续。

3. ( )加工是物流系统中由运输环节派生出来的功能,是物流的主要功能之一。

四、简答题

1. 简述仓储的功能?

2. 简述运输的基本功效表现在哪几个方面?

3. 简述汽车押运员的主要职责?

参考答案

一、填空题

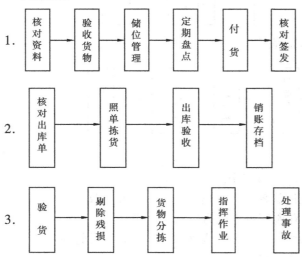

1. 核对资料 → 验收货物 → 储位管理 → 定期盘点 → 付货 → 核对签发

2. 核对出库单 → 照单拣货 → 出库验收 → 销账存档

3. 验货 → 剔除残损 → 货物分拣 → 指挥作业 → 处理事故

二、多项选择题

1. ABC   2. ABCDEF   3. ABCD   4. ABCDE

三、判断题

1. ×   2. √   3. ×

四、简答题

1. 简述仓储的功能?

(1)保障社会再生产顺利进行

(2)衔接流通过程

(3)保存劳动产品价值

(4)市场信息的传感器

(5)减少物流成本的重要途径

(6)提供信用保证

(7)陈列商品

2. 简述运输的基本功效表现在哪几个方面?

运输基本功效主要表现在两个方面:其一克服产品在生产与需求之间的空间矛盾实现产品转移,其二通过运输,实现产品临时储存。

3. 简述汽车押运员的主要职责?

①随车押运货物；

②监督货物的装卸，并给予必要的指导；

③在途中对货物进行照料，并采取必要的安全措施；

④严守机密，不得向任何人泄露守护目标的位置、结构、设施和押运时间、地点、路线、数量；

⑤如发现异常情况及不安全因素，及时向有关领导反映，妥善处理。

任务 4
物流客户沟通与管理

教学要求

1. 了解客户沟通的一般技巧；

2. 认识一些面对面的沟通技巧；

3. 认识客户的不同类型；

4. 了解客户接近的方法

5. 清楚一些物流客户沟通和管理的表
格填制；

6. 描述客户参观接待的基本方法；

学时建议

知识性学习:6 课时

案例学习讨论:2 课时

现场观察学习:6 课时 (业余自主学习)

【导学语】

约翰·麦基思在其著作《如何影响顾客的购买决定》中是这样说的："只要我们能够发自内心地去了解客户（亦是普通人）的三个基本需求即可取得成功,这三个需求为:承认、尊重与信任。"

你的客户可能会面临一些难题,如果你在沟通过程中发现了客户的这些难题,那你不妨尽可能地去帮助他们解决。当你这样做的时候,你得到的就不仅仅是客户的感激和信任。如下例:

小故事大道理

今天在这里给大家讲个小故事,从故事中我们可以看到沟通的技巧。

一天一位老太太拎着篮子去楼下的菜市场买水果。她来到第一个小贩的水果摊前问道:"这李子怎么样?"

"我的李子又大又甜,特别好吃。"小贩回答。

老太太摇了摇头没有买。她向另外一个小贩走去问道:"你的李子好吃吗?"

"我这里是李子专卖,各种各样的李子都有。您要什么样的李子?"

"我要买酸一点儿的。"

"我这篮李子酸得咬一口就流口水,您要多少?"

"来一斤吧。"老太太买完李子继续在市场中逛,又看到一个小贩的摊上也有李子,又大又圆非常抢眼,便问水果摊后的小贩:"你的李子多少钱一斤?"

"您好,您问哪种李子?"

"我要酸一点儿的。"

"别人买李子都要又大又甜的,您为什么要酸的李子呢?"

"我儿媳妇要生孩子了,想吃酸的。"

"老太太,您对儿媳妇真体贴,她想吃酸的,说明她一定能给您生个大胖孙子。您要多少?"

"我再来一斤吧。"老太太被小贩说得很高兴,便又买了一斤。

小贩一边称李子一边继续问:"您知道孕妇最需要什么营养吗?"

"不知道。"

"孕妇特别需要补充维生素。您知道哪种水果含维生素最多吗?"

"不清楚。"

"猕猴桃含有多种维生素,特别适合孕妇。您要给您儿媳妇天天吃猕猴桃,她一高兴,说不定能一下给您生出一对双胞胎。"

"是吗?好啊,那我就再来一斤猕猴桃。"

"您人真好,谁摊上您这样的婆婆,一定有福气。"小贩开始给老太太称猕猴桃,嘴里也不闲着:"我每天都在这儿摆摊,水果都是当天从批发市场找新鲜的批发来的,您媳妇要是吃好了,您再来。""行。"老太太被小贩说得高兴,提了水果边付账边应承着。

三个小贩对着同样一个老太太,为什么销售的结果完全不一样呢?

想一想:

1. 最后一个小贩的哪些优质服务感动了顾客?

2. 三个小贩是怎样与客户进行沟通的?对你有什么启示?

通过上述案例的介绍,我们可以看出,作为物流工作者,本身属于服务行业,与客户的沟通非常重要,因此我们要了解一些沟通的方法和技巧。本案例中最后一个小贩运用良好的沟通技巧,取得了很好的效果。本章介绍了客户沟通的一般技巧,学习到一些面对面的沟通技巧,认识客户的不同类型。还学习了客户接近的方法,清楚一些物流客户沟通和管理的表格填制及客户参观接待的基本方法,通过本章的学习,同学们将会掌握更多的物流客户服务沟通方面的方法和技巧。

【学一学】

4.1 常用的物流客户沟通技巧

4.1.1 客户沟通技巧

与客户沟通就是营销人员与现实的和潜在的客户保持联系,及时把企业的产品介绍给客户,同时注意了解他们的需求,交流产销信息。拥有沟通技巧就可以说服别人,生意上的商谈也有可能达到极佳的沟通效果。而所谓沟通,正是一种使别人信服的艺术。沟通多了,才会避免误解的发生。只有经常和自己的客户沟通,才会了解到他们的真实想法,了解到客户对公司的满意以及不满意的地方,然后及时地采取应对措施。而且,也只有通过经常的沟通,才能够第一时间将公司的一些新政策,比如说新制定的对客户的奖励政策、返利的变化、促销活动的开展、广告的发送等,传达给客户。客户会考虑整个市场的因素,因此你要了解产品的市场变化,才能经常给客户提供一些有价值的信息,及时提供客户产品更新情况。同时要第一时间了解竞争对手的情况,及时地调整自己的销售策略,防止客户流失到竞争对手那里。

真正懂得用心聆听、用眼观察的人,才能真正掌握沟通技巧的真谛。

1)与客户沟通的原则

（1）知己知彼,百战不殆

不管是发展新客户还是回访老客户,事先要对拜访的对象作一个初步的了解,包括职务、日程安排、性格、爱好等方面,以便正确地安排约见时间和寻找共同话题,使会谈过程更加融洽,同时也可以预防一些意外因素。

（2）坦诚相待、礼貌先行

对于"礼貌先行"而言,是交朋结友的先锋,有句古话:要想得到别人的尊敬,首先要尊敬别人。只要您事先尊敬别人,您才能得到别人的尊敬,也只有这样您才能获得与他人沟通、交流的机会,也是他人以礼相待的基础。不管是首次拜访还是回访,要多尊重别人的意见,要学会多问征求性的话语,如:"好吗？您看行吗？您觉得呢？"等语气,要让客户觉得您是一个非常有礼貌的人,这样他们才会愿意与您交往,乐意合作。做任何一笔生意或发展任何一个客户,坦诚相待是关键。

（3）平时多联络、友谊更长久

每一个客户就是我们的好朋知己,应该保持联络、加强沟通,不要业务谈完之后,就把客户忘记了,等到有需要时再去找别人,那么客户肯定不愿意与您合作了,因为他们会觉得您是一个薄情寡义之人。我们应该不定期或定期的与客户联络和交流,诸如:以电话问候、一起喝喝茶、或其他的活动。一般关于问候和联系的内容及时间是根据您平时对该客户的了解而定的,包括客户的工作安排情况、爱好兴趣等。

（4）主题突出、目的明确

不管什么样的沟通交流活动、我们都必须事先明确我们的目的。不要等活动都搞完了,还不知道自己究竟该做什么,是什么目的。我在实践中就碰到多个这样的事情,有些业务员花费大笔的费用去请客户吃饭,本来事先准备做好了,要达成什么样的目的也预计好了,但是几杯烈酒下肚,什么都忘了,有的高谈阔论,有的竟与客户称兄道弟等,结果饭一吃完,什么都没有办好,还得花一大笔钱,再次宴请别人,这时您还得看别人给不给面子,有没有时间。

总而言之,与客户做好有效沟通,必须做到:知己知彼、谦虚谨慎、坦诚相待、目的明确。

2)与客户沟通的技巧

(1)抓住客户的心

摸透对方的心理,是与人沟通良好的前提。只有了解掌握对方心理和需求,才可以在沟通过程中有的放矢,可以适当的投其所好,对方可能会视你为他们的知己,那问题可能会较好的解决或起码你已成功一半。

(2)记住客人的名字

记住客人的名字,可以让人感到愉快且能有一种受重视的满足感,这在沟通交往中是一项非常有用的法宝,记住客人的名字,比任何亲切的言语起作用,更能打动对方的心。

(3)不要吝啬你的"赞美的语言"

人性最深切的渴望就是拥有他人的赞赏,这就是人类有别于其他动物的地方,经常给客人戴一戴"高帽",也许你就会改变一个人的态度;用这种办法,可以进一步发挥人的潜能,使戴"高帽"的人有被重视的感觉。

(4)学会倾听

在沟通中你要充分重视"听"的重要性。你能善于表达出你的观点与看法,抓住客户的心,使客人接受你的观点与看法,这只是你沟通成功的一半;那成功的另一半就是善于听客人的倾诉。会不会听是一个人会不会与人沟通,能不能与人达到真正沟通的重要标志。做一名忠实的听众,同时,让客人知道你在听,不管是赞扬还是抱怨,你都得认真对待。客户在倾诉的过程中,会被你认真倾听的态度所感动,会对你的人格加以认同,这才会为你下一步的解释工作奠定良好的基础。

(5)注意沟通场合

不同的沟通场合需要不同的沟通方式,对不同人也需要采取不同的沟通方法,要因地制宜,随机应变,这样才能保证沟通的效果。

（6）培养良好的态度

只有你具有良好的态度，才能让客人接受你，了解你；在沟通时，要投入你的热情；在沟通时，你要像对待朋友一样对待你的客户。

案　例

在某次广交会上，小张的以色列老客户来了，他不懂英文，这是他第一次来中国，而且是单独来，没有带秘书，取代的是一本英阿字典。字典上折了好几个折痕。他们就这样开始交流，客户翻开字典，指着 PRICE，小张就给他报价，要交货时间，指着字典中的 DEVELIRY 和 TIME；而小张要说的话除了用手比画，在纸上画画外，就是翻开他的字典，告诉他那个关键词汇，就这样，他们顺利地完成了交谈。

4.1.2　面对面的沟通技巧

拜访客户，与客户面对面的访谈是我们营销人员工作中很重要的内容，或者说很头疼的一个环节，搞好客户关系谁都会说，但如何搞好客户关系？对待不同的客户，要灵活运用不同的方法。接触客户时应该如何把握一个度？拜访客户时如何挖掘客户的需求？有些时候水到渠成，有些时候事半功倍。

1）面对面沟通的语言技巧

如何做拜访前的准备，如何向客户发问，如何与客户沟通，如何倾听？这些问题在工作中都要细化。

（1）准确的称呼，感恩的心态

当营销人员拜访客户时，要准确地称呼对方，进行自我介绍并表示感谢，向客户立即表示感谢，这样给客户留下了客气、礼貌的形象，这样更能赢得客户的好感。

（2）开场白、寒暄，表明拜访来意

开场白要尽量创造良好的第一印象。客户会带你进入合适的访谈场所，期间相互交换名片，营销人员拿出笔记本，公司相关资料等文件做访谈前的准备。此间，营销人员要迅速提出寒暄的话题，营造比较融洽、轻松的会谈氛围。寒暄的内容五花八门，此时寒暄的重点是迎合客户的兴趣和爱好，让客户进入角色，使对方对你产生好感，寒暄目的是营造气氛，让客户接受你，只要目的达到了，其他的下一步工作也就好开展了。寒暄的方法多种多样：奉承法、帮忙法（比如帮经销商抬货、帮客户包装等）、利益法、好奇心法（新品、新包装。利用新的事物、新的方法吸引客户）、询问法，等等。

（3）陈述、介绍、询问和倾听

通过交谈让客户了解自己的公司及其产品和服务，要在交谈中了解客户的现状和需求，尤其要询问客户目前的现状和潜在需求，此时要避免客户的抵触情绪，想办法满足客户特定的利益。陈述时要注意：答话及时，不要太快，保持轻松、自然。多用日常用语，少用专用名词。陈述时还要注意内容简单扼要，表达清晰易懂。陈述时切记不要夸夸其谈，或过分卖弄文采，反而遭客户反感。

（4）总结，达到拜访目的

营销人员介绍了自己公司，了解了客户的现状和问题点，达到了目的，要主动对拜访结果进行总结和与客户确认，总结主要围绕潜在需求进行。

（5）道别，设定下次会见

与客户设定下次访谈时间是获得向客户进一步销售的承诺，此时要避免模糊的时间，要确定到具体时间，比如下周二还是下周三，只有确定了进一步访谈的具体时间，才是真正获得客户的承诺。这样才能促进销售。

总之，决胜终端的战略思想的贯彻，要求营销人员在拜访前必须做好充分的准备，对拜访人士的调查了解，预测客户可能提出的问题，只有进行充分的准备，你在工作中才能应对自如。

面对面沟通成功的"四要素"——语言、语调、表情、手势

◆ 在你与客户面对面沟通时，重要的不是你对他说什么，而是你对他怎样说！

◆ 你讲话时对客户产生的影响是一种感觉，而不是事实！

◆ 在与客户沟通时，成功四要素中语言只占7%。

2）面对面沟通的肢体语言技巧

美国传播学家艾伯特梅拉比安曾提出一个公式：

信息的全部表达 = 7%语调 + 38%声音 + 55%肢体语言

我们把声音和肢体语言都作为非语言交往的符号，那么人际交往和销售过程中信息沟通就只有7%是由言语进行的。

（1）目光

目光接触，是沟通时最能传神的非言语交往。"眉目传情"、"暗送秋波"等成语形象说明了目光在人们情感的交流中的重要作用。

在服务活动中，听者应看着对方，表示关注；而讲话者不宜再迎视对方的目光，除非两人关系已密切到了可直接"以目传情"。讲话者说完最后一句话时，才将目光移到对方的眼睛。这是在表示一种询问"你认为我的话对吗？"或者暗示对方

"现在该轮到你讲了"。观察结果表明,自以为自己地位高的人,在听和说的过程都充满自信地凝视对方,而自以为地位低的人说话就很少注视对方。在日常生活中能观察到,往往主动者更多地注视对方,而被动者较少迎视对方的目光。

（2）衣着

在谈判桌上,人的衣着也在传播信息与对方沟通。意大利影星索菲亚·罗兰说:"你的衣服往往表明你是哪一类型,它代表你的个性,一个与你会面的人往往自觉地根据你的衣着来判断你的为人。"

衣着本身是不会说话的,但人们常在特定的情境中以穿某种衣着来表达心中的思想和建议要求。在销售交往中,人们总是恰当地选择与环境、场合和对手相称的服装衣着。谈判桌上,可以说衣着是销售者"自我形象"的延伸扩展。同样一个人,穿着打扮不同,给人留下的印象也完全不同,对交往对象也会产生不同的影响。

（3）体势

达芬·奇曾说过,精神应该通过姿势和四肢的运动来表现。同样,服务与人际交往中,人们的一举一动,都能体现特定的态度,表达特定的含义。

服务人员的体势会流露出他的态度。身体各部分肌肉如果绷得紧紧的,可能是由于内心紧张、拘谨,在与地位高于自己的人交往中常会如此。推销专家认为,身体的放松是一种信息传播行为。向后倾斜15度以上是极其放松。人的思想感情会从体势中反映出来,略微倾向于对方,表示热情和兴趣;微微起身,表示谦恭有礼;身体后仰,显得若无其事和轻慢;侧转身子,表示嫌恶和轻蔑;背朝人家,表示不屑理睬;拂袖离去,则是拒绝交往的表示。

如果你在服务过程中想给对方一个良好的第一印象,那么你首先应该重视与对方见面的姿态表现,如果你和人见面时耷拉着脑袋、无精打采,对方就会猜想也许自己不受欢迎;如果你不正视对方、左顾右盼,对方就可能怀疑你是否有服务诚意。

（4）声调

恰当的自然地运用声调,是顺利交往和服务成功的条件。一般情况下,柔和的声调表示坦率和友善,在激动时自然会有颤抖,表示同情时略为低沉。不管说什么样话,阴阳怪气的,就显得冷嘲热讽;用鼻音哼声往往表现傲慢、冷漠、恼怒和鄙视,是缺乏诚意的,会引起人不快。

（5）时间

在一些重要的场合,重要人物往往姗姗来迟,等待众人迎接,这才显得身份尊贵。然而,以迟到来抬高身份,毕竟不是一种公平的交往,这常会引起对方的不满而影响彼此之间的合作与交往。

赴会一定要准时,如果对方约你7时见面,你准时或提前片刻到达,体现交往的诚意。如果你8点钟才到,尽管你口头上表示抱歉,也必然会使对方不悦,对方会认为你不尊重他,而无形之中为销售设下障碍。

(6)微笑

微笑来自快乐,它带来的快乐也创造快乐,在销售过程中,微微笑一笑,双方都从发自内心的微笑中获得这样的信息:"我是你的朋友",微笑虽然无声,但是它说出了如下许多意思:高兴、欢悦、同意、尊敬。作为一名成功的服务人员,请你时时处处把"笑意写在脸上"。

案 例

销售人员:"您好,能否打扰您一下,我代表××公司做一次市场调查,只要占用您一点点时间就够了,您不介意吧?"客户:"当然介意!你没看见我正忙着吗?真是的,刚才经理还打电话来催,怪我没有尽快办好这件事,我没有时间,请你改日再来吧。"选择一个客户比较有利的时机展开沟通,其成功的可能性要远远大于不适宜的沟通时间。如何选择恰当的沟通时间呢?销售人员必须在约见客户之前就明确客户的具体时间安排,然后从中寻找出最适合自己展开销售谈判的有利时机。

4.2　客户关系维护与管理

绝大多数的企业的客户战略只是获取客户,很少花精力去辨别和保护他们的最佳客户,同时去除不良客户;他们也很少花精力考虑从竞争者手中去策反客户,增加产品和服务,来提高赢利率。这是不对的。

意大利经济学家及社会学家维尔弗雷多·帕拉多创立的"80/20原则",阐述的中心思想是80%的结果来自于20%的原因;据统计,现代企业57%的销售额是来自12%的重要客户,他们是企业的最佳客户,赢利率是最高的,对这些客户,企业应该提供特别的服务、折扣或奖励,并要保持足够的警惕,因为竞争对手也是瞄准这些客户发动竞争攻击的。而其余88%中的大部分客户对企业是微利的。因此,企业要想获得最大限度的收益,就必须对自己拥有的客户进行有效的差异分析,并根据这种差异来区分不同价值的客户,指导企业更合理地配置有限的市场销售、服务和管理资源,确保企业的投入和付出都用在"刀刃"上,实现客户资源价值和企业投入回报的同步最大化。

1）客户分类管理的方法

（1）按照单次交易收益和重复交易次数

依客户终身价值理论,可以按照单次交易收益和重复交易次数,大致将客户分成四个类别,分别是:

①黄金顾客。愿意与企业建立长期互利互惠关系,每次交易都能为企业带来收益;

②流星顾客。喜欢不断尝试新的选择,并不总与该企业交易,但每次交易都能为企业带来一定的收益;

③小溪顾客。顾客愿意与企业建立长期的业务关系,但每次交易都只能为企业带来较小的收益;

④负担顾客。有些顾客在众多企业中比较选择,只在企业为吸引顾客将价格压到极低甚至是负收益时才与企业交易。

（2）按照顾客对待产品态度组织

按照顾客对待产品的态度,可将顾客分为忠诚顾客(包括新产品的率先使用者)、品牌转移顾客和无品牌忠诚顾客三类。顾客管理的重点,就是培养对本企业产品忠诚的顾客和率先使用者。

（3）按照时间序列分类的方法

客户与我们的交易关系存在着时间顺序,据此我们可以将客户分为老客户、新客户和潜在客户等。

①老客户。广义上的老客户是指曾经或正在与我们保持交易关系的客户,具体包括以下两种类型:

• 长期客户:狭义的老客户,是指与我们保持较长时间交易关系的客户。

• 过去交易现在中断交易的客户。

②新客户。是指刚刚与我们发生交易关系的客户。

③潜在客户。是指有可能与我们发生交易关系的客户。

（4）客户 ABC 分类法

按客户购买产品金额分类。在客户管理中,就是把公司全部客户按购买金额的多少,划分为 ABC 三类。

A 类,大客户,购买金额大,客户数量少;C 类,小客户,购买金额少,客户数量多;B 类,一般客户,介于 AC 类之间。管理的重点是抓好 A 类客户,照顾 B 类客户。

其中按照客户价值分类,找到最有价值的客户,才是企业最重要的工作,ABC客户分类法是一种比较实用的客户分类方法。

（5）客户金字塔

客户金字塔是以消费额或利润贡献等重要指标为基准确定客户类别的,它把客户群分为 VIP 客户（A 类客户）、主要客户（B 类客户）、普通客户（C 类客户）、小客户（D 类客户）四个类别。

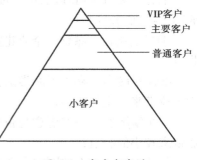

图 4.1　客户金字塔

在会展企业所拥有的各类客户中,突出的特点是参展商和观众数量庞大,来源复杂,中小企业占多数,小客户所占比例较大,约占总数的 90%, A, B, C, D 四类客户大致可按如下划分（见图 4.1）:

①VIP 客户（A 类客户）。VIP 客户是金字塔中最上层的金牌客户,是在过去特定时间内消费额最多的前 0.1% 客户。如某公司目前客户总数为 50 000 户,则 VIP 客户一般多指的是花钱最多的前 50 位客户。大客户是企业销售的主要目标,是企业生存的资金源泉所在。大客户及时偿付货款,企业就能顺利运转并不断地扩大规模,而一旦大客户不能及时足额支付应收账款,企业就可能面临灭顶之灾。正是因为大客户关系到企业的生存状况,企业应该尽力对大客户经营状况和财务状况进行详尽了解。

②主要客户（B 类客户）。这是指客户金字塔中,在特定时间内消费额最多的前 1% 客户中,扣除 VIP 客户后的客户。当客户总数为 50 000 户,则主要客户多指扣除 VIP 客户外,花钱最多的 450 位客户。B 类客户的交易金额占企业交易总额的 10% ~20%,对企业有一定程度的影响,而且这类客户往往容易转变为企业的忠诚客户,因此对他们应该多花一些时间和金钱提供更好的服务,加强他们与企业之间的密切关系。

③普通客户（C 类客户）。这是指购买额最多的 10% 客户中,扣除 VIP 客户与主要客户之外的客户。当客户总数为 50 000 户,则普通客户是扣除 VIP 客户与主要客户之外,花钱最多的 4 500 位客户。这些公司在激烈的市场竞争中会朝着两个方向发展,一部分可能规模不断扩大,而另外一些则在经营中出现失望,陷入经营危机或财务危机,这对销售企业的影响要比小客户大得多,所以企业应该对中等客户有足够的重视程度。正是因为中等客户有可能朝这两个相反的方向发展,所以管理部门应该比较注重对他们的信息做收集工作,除了考虑信息的收集成本和

时效性以外,更要考虑信息的质量,准确性和及时性,如果条件允许,还可以订购信用评估机构的信用报告。

④小客户(D类客户)。这是指除了上述三种客户外,剩下的90%客户。小客户与企业达成的交易合同的金额不大,但是数目却占企业客户总数的大部分。个别小客户发生坏账,给企业带来的损失也不会特别大。对小客户选择的信息来源主要有:小客户提供的商业资信证明书,一线销售人员的内部评价报告,以及和客户交易的经验。如果在拖欠的客户名单中很快就出现了某个被授予信用的小客户,应立即追回欠款,并不再考虑给该客户提供赊销。

案　例

中国移动公司按照ABC分类法,对个人客户中占总数10%、其通信费合计占运营商通话费总收入38%的高端客户群,实施优先、优质服务。中国联通公司分别给连续六个月通信费大于300元、500元、800元的CDMA或GSM客户颁发三星、四星、五星级服务通行卡,星级会员享受所有与其会籍相匹配的通信优惠,同时还可享受到如可以在全国范围内预订房等许多通信外优惠服务。

4.3　物流客户沟通与管理实训

4.3.1　客户调查管理表格填制训练

当销售人员接近一个客户的时候,要做的第一件事情就是搜集相关信息。充分搜集客户资料之后,销售人员才能了解客户的基本需求,才可以进行销售。要了解的第一点就是:客户是什么样的客户? 规模有多大? 员工有多少? 一年内大概会买多少同类产品? 这些都是客户背景资料。

客户背景资料包括以下几个方面:①客户组织机构;②各种形式的通信方式;③区分客户的使用部门、采购部门、支持部门;④了解客户的具体使用维护人员、管理层和高层;⑤同类产品安装和使用情况;⑥客户的业务情况;⑦客户所在行业的基本状况等。

客户的个人资料包括:①家庭状况和家乡;②毕业的大学;③喜欢的运动;④喜爱的餐厅和食物;⑤宠物;⑥喜欢阅读的书籍;⑦上次度假的地点和下次休假的计划;⑧行程;⑨在机构中的作用;⑩同事之间的关系;⑪今年的工作目标;⑫个人发展计划和志向等。

可以通过填制以下表格(见表4.1和表4.2),对客户进行调查管理。

表 4.1　客户调查表

客户名称		电话		地址		

	负责人		年龄		程度		性格	
	厂长		年龄		程度		性格	
	接洽人		职称		负责事项			

	经营方式	□积极　□保守　□踏实　□不定　□投机			
经营状况	业务	□兴隆　□成长　□稳定　□衰退　□不定			
	业务范围				
	销货对象				
	价　格	□合理　□偏高　□偏低　□削价			
	业务金额	每年　，旺季　月，月销量　，淡季　月销量			
	组　织	□股份有限公司　□有限公司　□合伙店铺　□独资			
	员工人数	职员　人，员工　，合计			
	同业地位	□领导者　□具影响　□一级　□二级　□三级			

	态　度	
付款方式	付款期	
	方　式	
	手　续	

	年度	主要采购产品	金　额	旺季每月	淡季每月
与本公司往来					

客户负责人	审核	调查表

表4.2　客户资料登记表

公司		个人	
公司名称		姓名	
地址		年龄	
电话号码		住址	
业种		电话号码	
年营业额		职业	
员工人数		服务公司	
主要产品名称		性质	
注册资金		服务公司地址	
法人代表		进公司时间	
主要客户		出生地	
业界地位		配偶姓名	
市场占有率		家庭成员	
公司、工厂所在地		兴趣	
承办部门		性格	
承办人		政治面貌	
承办人性格		喜爱运动	
承办人兴趣		采购决定人	
采购决定人		出生时间	
与本公司产品的周期		付款情形	
本公司过去业务承办人		购买本公司产品周期	
业务介绍人		本公司过去业务承办人	

4.3.2　客户开发管理表格填制训练

　　新市场、新客户的开发,是每个公司及营销人员都必须面临和解决的现实问题,获取订单的道路是从开发客户开始的,销售的本质含义不是卖出产品,而是创造客户,因为只有拥有客户,才可能有销售业绩,拥有的客户数量越多,销售业绩就可能越高,业务人员开发出更多的客户,才能创造一流的业绩,业务人员的宝贵财

富,就是所拥有的客户数,开发新客户应做到:

①开发新市场的前奏。首先要准备相关的资料。

②详细、具体的市场调研,通过直接或间接的方式,了解客户的状况。

③列名单,洽谈客户 。潜在的目标客户群确定后,我们可以列出一个目标客户清单,进行详细分析、比较后,就可以电话预约,并登门拜访了。

④跟进、签约。

客户开发常用技巧见表4.3。

表4.3 客户开发常用技巧表

内容 序号	技 巧
1.	明确地设定新开发客户的个数目标
2.	严格地设定既定客户目标,不足之处由新开发客户拟补
3.	将预定的客户列出,不能只以容易取得的客户为对象
4.	设定开发的具体时间目标
5.	应于拜访客户前全面收集情报
6.	准备行之有效的促销方法
7.	先假想好洽商的关键时机再拟订访问计划
8.	访问之前先明确计划的负责部门
9.	洽商安排方式——前半段收集情报,中间是做宣传,后半段以提案为中心
10.	要看准什么人是掌握洽商进展的主要人物
11.	与主要负责人进行洽商一定要注意时机
12.	依时间的先后将与客户的洽商内容整理成记录
13.	掌握对手公司对客户的重要程度
14.	掌握对手公司的营业活动后再拟定自己的洽商程序
15.	尽早掌握对手公司营业人员的调动情况
16.	配合预定客户的人事变动、方针变更等修改自己的营业活动
17.	交易完毕之后应经常保持联系

可以使用以下表格(见表4.4至表4.7):

表4.4   有望客户管理表

业务代表：_____

访问公司名称	拜访对象	住址	电话	拜访预定														备注
					1月	2月	3月	4月	5月	6月	7月	8月	9月	10月	11月	12月		
1.				计划														
				实施														
2.				计划														
				实施														
3.				计划														
				实施														
4.				计划														
				实施														
5.				计划														
				实施														
6.				计划														
				实施														
7.				计划														
				实施														
8.				计划														
				实施														
9.				计划														
				实施														
10.				计划														
				实施														
11.				计划														
				实施														
12.				计划														
				实施														
13.				计划														
				实施														
14.				计划														
				实施														
15.				计划														
				实施														

表4.5　客户开发计划及预定表

经办人：　　　　　　　　　　　　　　　　　　　　　　　　　　　　　　　　　年度

日期	访问客户						约定	访问结果报告书（简洁说明进度状况及问题点）	分类
	编号	公司或工厂名	访问时间	面谈者	所属部门	电话			
	1.								
	2.								
	3.								
	4.								
	5.								
	6.							（终了　时　分）	
	1.								
	2.								
	3.								
	4.								
	5.								
	6.							（终了　时　分）	
	1.								
	2.								
	3.								
	4.								
	5.								
	6.							（终了　时　分）	
	7.								
	8.								
	9.								
	10.								
	11.								
	12.							（终了　时　分）	

表4.6 客户开发记录表

开发人：

编号	客户名称	拜访者	所属部门	电话	拜访结果说明	客户级别
1.						
2.						
3.						
4.						
5.						
6.						
7.						
8.						
9.						
10.						
11.						
12.						
13.						
14.						
15.						
16.						
17.						
18.						
19.						
20.						

表 4.7　强化客户关系计划表

顾客	推动的影响力	和竞争同业间的关系	和竞争同业间的关系	本公司负责人员	强化对策	时间表	检查对策
总经理							
副经理							
科长姓名							
负责人员							
姓名							
其他姓名							
备注							

4.3.3 客户分级管理表格填制训练

1）客户的主要类型

在 CRM 中通常按照客户的价值来区分客户,就形成了客户金字塔模型:

①VIP 客户;

②主要客户;

③普通客户;

④小客户。

2）客户分析的三个阶段

客户分析过程包括以下三个阶段:

(1)客户行为分析

这包括行为分组、客户理解和客户组之间的交叉分析三个步骤。行为分组是关键,行为分组的分析结果使后两个步骤更加容易。

(2)重点客户发现

CRM 理论经典的 20/80 原则,即 80% 利润来自 20% 客户。重点客户发现主要应考虑以下方面:潜在客户(有价值的新客户);交叉销售(指企业向老客户提供新产品、新服务的营销过程);增量销售(更多地使用同一种产品或服务);客户保持(保持客户的忠诚度)。

(3)效能评估

效能评估都是以客户所提供的市场反馈为基础的,针对每个市场目标设计一系列评估模板,从而使企业能够及时跟踪市场的变化。

可以填制以下表格(见表4.8 至表 4.10):

表 4.8　客户信用分析表(管理人员)

○负责人的素质	
□1. 负责人的人品是否可信赖	
□2. 负责人领导能力如何	
□3. 负责人的健康、体力如何	
□4. 负责人的年龄是多少	
□5. 经营理念是否坚定	

○负责人的个人条件

□1. 负责人的家庭是否圆满	
□2. 是否有花边新闻	
□3. 酒品是否很坏	
□4. 是否爱好赌博	
□5. 是否有很多兴趣、嗜好	

○负责人的评语

□1. 在商场上的声誉如何	
□2. 是否受职员敬爱	
□3. 是否有不明朗的政治关系	
□4. 是否与特别的暧昧团体有关联	
□5. 是否有犯罪的丑闻	

○负责人之经营能力

□1. 负责人之经营手腕如何	
□2. 业绩如何	
□3. 指导部属是否卓越	
□4. 是否费心地培育后继人才	
□5. 顾客或主要银行的评语如何	

○负责人的资产

□1. 负责人的个人资产与其经营规模是否成正比	
□2. 个人贷款是否过多	
□3. 是否有个人的事业	
□4. 凡事是否都不编列预算，随意支出	
□5. 抵押状况如何	
评价	

表4.9　客户信用度分析表（公司）

○业界动向

□1.生意往来企业之业界动向是好是坏	
□2.现今国际环境、状况下之动向如何	
□3.金融环境如何	
□4.业界未来之展望是光明还是黑暗	
□5.业界之长期展望如何	

○经营素质

□1.生意往来企业之经营是法人还是个人（同族）	
□2.其资本、资金如何	
□3.同行的评价如何	
□4.总公司、关系企业、主要银行的信赖如何	
□5.资产关系如何	

○评语

□1.是否有不当交易的谣传	
□2.是否有政治性不明朗的谣传	
□3.与问题多之外部团体的联系如何	
□4.是否有计算上不公正的谣传	
□5.税务是否正当	

○市场

□1.主力商品之利益率多少	
□2.销售战略是否困难	
□3.批发商或零售商品是否安全	
□4.对新产品开发、技术开发是否热心	
□5.库存管理、交货措施是否万全	

○财务状况

□1.过去之平均利益如何	
□2.公司的资产怎样	
□3.贷款是否适当	
□4.过剩投资是否安全	
□5.是否有不良的债权	
评价	

表4.10　客户等级分类表

特等	业别										
	客户代码										
A	业别										
	客户代码										
B	业别										
	客户代码										
C	业别										
	客户代码										
D	业别										
	客户代码										
劣等	业别										
	客户代码										

4.3.4　沟通交流管理表格填制训练

良好的沟通,可以使人际关系和谐,可以顺利完成工作任务,达成绩效目标。沟通不良会导致生产力、品质与服务不佳,使得成本增加。基础是要建立客户档案,经常征询客户意见,并注意客户的反馈意见,从而建立有效的沟通机制。

可以填制以下表格(见表4.11和表4.12):

4.11　客户联系表

姓名	手　机	小灵通/住宅电话	传　真	地址或电子邮箱

表 4.12　受理消费者投诉登记表

投诉日期			投诉方式		转移方向	
投诉方	姓名		性别		年龄	
	地址				电话	
被诉方	名称				企业类型	
	地址				电话	
	联系人			负责人		
投诉情况	投诉类别		投诉性质			
	品牌		商标		型号	
	消费日期		损害日期		数量	
	商品价格		商品价值			
	情况及要求					

投诉人：　　　　　　　　　　　　　年　月　日

续表

初审意见	是否受理		
		受理人：	年　月　日
	认定重大投诉理由		
批示			
			年　月　日
调查过程及以结果调解			
	挽回经济损失		
签名	投诉方		承办人
		年　月　日	
	被诉方		
		年　月　日	年　月　日

4.3.5 客户事务管理表格填制训练

客户事务管理是物流企业客户管理的重要内容,是客户管理的重要基础。不能把它仅仅理解为是客户资料的收集、整理和存档。我们应该建立完善的客户档案管理系统和客户管理规程,提高营销效率,扩大市场占有率,与交易伙伴建立长期稳定的业务联系,具有重要的意义。

可以填制以下表格(见表4.13和表4.14):

表4.13　客户资料管理卡

公司名称		电话		传真	
地址				邮编	
企业类型		注册资金			
营业内容	内销:　　%;　　外销:　　　　%				
营业概况	内外销比				
	营业性质				
	信用状况				
	营业状态				
	员工人数				
	淡旺季分布				
	最高购买额/月				
	平均购买额/月				
主要人物概况	姓名	职务	电话	性格特点	嗜好
适用本公司主要产品					
首次交易时间					
备注		总经理	经理	主管	制卡

表4.14　客户档案表格

日期＿＿＿＿＿＿＿＿＿最新修订时间＿＿＿＿＿＿＿＿＿＿＿＿＿填表人＿＿＿＿＿＿＿＿＿

客户姓名＿＿＿＿＿＿＿＿＿昵称(小名)＿＿＿＿＿＿＿＿＿＿职称＿＿＿＿＿＿＿＿＿

公司名称地址＿＿＿＿＿＿＿＿＿

住址＿＿＿＿＿＿＿＿＿　电话(公)＿＿＿＿＿＿＿＿＿　(宅)＿＿＿＿＿＿＿＿

出生年月日＿＿＿＿＿＿＿＿＿出生地＿＿＿＿＿＿＿＿＿籍贯＿＿＿＿＿＿＿＿

本人概况

身高＿＿＿＿＿＿＿＿＿体重＿＿＿＿＿＿＿＿＿身体五官特征＿＿＿＿＿＿＿＿＿(如秃头、

关节炎、严重背部问题等)＿＿＿＿＿＿＿＿＿教育背景＿＿＿＿＿＿＿＿＿

高中名称与就读期间＿＿＿＿＿＿＿＿＿

大专名称＿＿＿＿＿＿＿＿＿毕业日期＿＿＿＿＿＿＿＿＿学位＿＿＿＿＿＿＿＿＿

大学时代得奖记录＿＿＿＿＿＿＿＿研究所＿＿＿＿＿＿＿＿＿

擅长运动是＿＿＿＿＿＿＿＿＿

如果客户未上过大学,他是否在意学位＿＿＿＿＿＿＿＿＿

其他教育背景＿＿＿＿＿＿＿＿＿

家庭

婚姻状况＿＿＿＿＿＿＿＿＿配偶姓名＿＿＿＿＿＿＿＿＿配偶教育程度＿＿＿＿＿＿＿＿＿

配偶兴趣/活动/社团＿＿＿＿＿＿＿＿＿结婚纪念日＿＿＿＿＿＿＿＿＿

子女姓名、年龄＿＿＿＿＿＿＿＿＿是否有抚养权＿＿＿＿＿＿＿＿＿

子女教育＿＿＿＿＿＿＿＿＿子女喜好＿＿＿＿＿＿＿＿＿

业务背景资料

客户的前一个工作＿＿＿＿＿＿＿＿＿公司名称＿＿＿＿＿＿＿＿＿

公司地址＿＿＿＿＿＿＿＿＿受雇时间＿＿＿＿＿＿＿＿＿受雇职衔＿＿＿＿＿＿＿＿＿

在目前公司的前一个职衔＿＿＿＿＿＿＿＿＿职衔＿＿＿＿＿＿＿＿＿日期＿＿＿＿＿＿＿＿＿

在办公室有何"地位"象征＿＿＿＿＿＿＿＿＿

本客户与本公司其他人员有何业务上的关系＿＿＿＿＿＿＿＿＿

关系是否良好＿＿＿＿＿＿＿＿＿原因＿＿＿＿＿＿＿＿＿

本公司其他人员对本客户的了解＿＿＿＿＿＿＿＿＿何种联系＿＿＿＿＿＿＿＿＿

关系性质＿＿＿＿＿＿＿＿＿

客户对自己公司的态度

本客户长期事业目标为何＿＿＿＿＿＿＿＿＿短期事业目标为何＿＿＿＿＿＿＿＿＿

客户目前最关切的是公司前途或个人前途＿＿＿＿＿＿＿＿＿

参与之政治活动＿＿＿＿＿＿＿＿＿

政党

是否热衷社区活动＿＿＿＿＿＿＿＿＿

宗教信仰＿＿＿＿＿＿＿＿＿是否热衷＿＿＿＿＿＿＿＿

客户习惯

对本客户特别机密且不宜谈论之事件(如离婚等)＿＿＿＿＿＿＿＿

客户对什么主题特别有意见(除生意之外)＿＿＿＿＿＿＿＿

生活方式病历(目前健康状况)＿＿＿＿＿＿＿＿

饮酒习惯＿＿＿＿＿＿＿＿所嗜酒类与分量＿＿＿＿＿＿＿＿

如果不嗜酒,是否反对别人喝酒＿＿＿＿＿＿＿＿

是否吸烟＿＿＿＿＿＿＿＿若否,是否反对别人吸烟＿＿＿＿＿＿＿＿

最偏好的午餐地点＿＿＿＿＿＿＿＿晚餐地点＿＿＿＿＿＿＿＿

最偏好的菜式＿＿＿＿＿＿＿＿

是否反对别人请客＿＿＿＿＿＿＿＿

嗜好与娱乐＿＿＿＿＿＿＿＿

喜读什么书＿＿＿＿＿＿＿＿

喜欢的度假方式＿＿＿＿＿＿＿＿

喜欢观赏的运动＿＿＿＿＿＿＿＿

车子厂牌＿＿＿＿＿＿＿＿

喜欢引起什么人注意＿＿＿＿＿＿＿＿

你会用什么来形容本客户＿＿＿＿＿＿＿＿

客户自认最得意的成就＿＿＿＿＿＿＿＿

客户和你与客户做生意时,你最担心的道德与伦理问题为何＿＿＿＿＿＿＿＿

客户是否特别在意别人的意见＿＿＿＿＿＿＿＿或非常以自我为中心＿＿＿＿＿＿＿＿

是否道德感很强＿＿＿＿＿＿＿＿

客户与他的主管是否有冲突＿＿＿＿＿＿＿＿

你能否协助化解客户与主管的问题,如何化解＿＿＿＿＿＿＿＿

你的竞争者对以上的问题有没有比你更好的答案＿＿＿＿＿＿＿＿

其他注意事项＿＿＿＿＿＿＿＿

4.3.6 客户关系维护管理表格填制训练

有些物流企业只重视吸引新客户,而忽视保持现有客户,造成售后服务中存在的诸多问题得不到及时有效的解决,从而使现有客户大量流失。然而企业为保持销售额,则必须不断补充"新客户",如此不断循环。这就是著名的"漏斗原理"。企业可以在一周内失去 100 个客户,而同时又得到另外 100 个客户,从表面看来销售业绩没有受到任何影响,而实际上为争取这些新客户所花费的宣传、促销等成本显然要比保持老客户昂贵得多,从企业投资回报程度的角度考虑是非常不经济的。因此,我们应该注重客户关系的维护,保持老客户的忠诚度。

可以填制以下表格(见表 4.15 和表 4.16):

表4.15　××物流企业的客户服务满意度分析表

服务项目	客户满意度				分　析
	很满意	较满意	满意	不满意	

表4.16　服务质量反馈表

尊敬的顾客：

首先感谢您对我们工作的支持和配合！

为了提高服务质量,更好地为您服务,促进我们的工作,请您配合填写此表。

被调查机构名称：_____

被调查机构地址：_____

执业场所的环境状况：□整洁　□较整洁　□一般　□零乱　□不整洁

工作人员的业务水平：□好　□较好　□一般　□差　□很差

工作人员上班是否有迟到、早退现象：□有　□没有　□不清楚

工作人员仪表仪容状况：□好　□较好　□一般　□差　□很差

工作人员服务态度：□好　□较好　□一般　□差　□很差

工作人员的办事效率：□高　□较高　□一般　□低　□很低

您对机构的服务质量的满意程度：□满意　□较满意　□一般　□不满意　□很不满意

您的意见和建议：

_____

_____

_____

_____

填表对象：□顾客　□家政服务员　□其他　联系电话：

机构名称：_____　地址：_____

联系电话：_____

监督电话：_____

感谢您的配合！

4.3.7 客户参观接待训练

物流客户对服务的感知,就是觉得服务好或不好,在很大程度上取决于一开始接待服务的质量。客户在接受某项服务时,最基本的要求就是服务代表能关注他直接的需求,能受到热情的接待。

接受客服时的客户希望
➤客服人员面带笑容的职业化形象
➤客服人员较好的亲和力
➤客服人员虚心地听取反馈信息、理解个人的需求
➤感觉到客服人员对你的尊重
➤能够及时地提出解决方法,有能力解决问题
➤宽松的环境

1)客户接待流程及标准

(1)接待申请

业务、市场部员工在了解客户即将到访时通知行政办,要求进行客户接待的安排,如出差在外应及时以电话方式通知,并落实客户的联系方式、随行人数、是否需用车到机场或火车站接送。

（2）确定接待级别

根据来访人员的级别不同，可按以下标准安排接待：

①普通人员级别：经销商业务类考察人员、技术人员、家装公司设计师、厂家中层管理者、普通意向经销商等。

②高级人员级别：工程采购、终端消费企业领导、合作经销商、厂家高层管理人员、出口公司负责人等。

③特级人员级别：主要市场经销商领导（包括内销、出口）、主要市场政府人员、本地行业相关部门负责人、厂家特邀领导、公司特邀领导、其他特殊人员等。

（3）联系接待单位

行政员工根据接待申请要求，在客户到达前应作好相关的接待安排，及时与客户联系，了解具体的到访人数、是否需用车、订房或其他要求，并及时落实。

（4）安排接待人员

公司根据工作的需要安排接待人员，肩负接待任务的人员必须严格按照标准落实整个接待过程。一般情况下，来访人员没有离开前，接待人员不宜随意更改。

（5）机场（车站）接车

接待人员在接到接待任务后，必须确认来访人员的班机（班车）何时到达、到达地点、航班号（车次）、来访人员的姓名、特征。用车，先落实公司有无车辆之后进行，如无法安排车辆的应通知客户并告之坐车方式。接到来访人后，接待人员帮忙提行李上车，根据班次的时间或者来访人员的需要安排住宿、餐饮的先后次序。

（6）住宿安排

到达住宿地点后，接待人员要主动帮来访人员提行李上房间，简单讲解房间内设施的使用方法，留下自己的联系电话。根据来访人员是长途或者短途，安排来访人员休息或者直接到营销中心，并提前与内务部联系营销中心的接待安排。

（7）营销中心参观

营销中心的接待主要是展厅参观的接待，一般不安排办公室参观。接待人员陪同来访人员到达展厅后，展厅助销须主动上前，使用礼貌用语，安排来访者就座，送上茶水。主要的介绍工作由接待人员进行，展厅助销配合。详细的讲解，是各地经销商能否很好地复制营销中心的关键。在没有引见公司领导之前，接待人员在展厅可以提前和来访人员探讨商谈合作的意见以及来访的主要目的。

（8）领导接见

接待人员在带领来访人员见领导之前，必须和公司领导沟通好，确认接见时间、地点,然后带领来访人员与领导见面。见面时,接待人员先介绍双方,然后粗略地讲解来访者的主要商谈事项。

(9)餐饮安排

行政办可知会相关部门后进行,一般的接待要求业务员工或市场部员工一起进行,定下标准后可由他们安排,接待人员应陪同来访人员就餐,并且按照来客的习惯安排酒水,就餐过程中,接待人员可以适当地带动气氛,促进双方的感情交流。

(10)提出、收集合作事项

经过以上的接待步骤,双方的感情交流有了基础,接待人员可安排双方转入到商务谈判的阶段。根据公司开展工作的实际情况和部门相关的标准,提出合作事项的内容,咨询来访人员提出的合作事项内容并且做好笔录。

(11)处理、确定合作事项

本着双赢的原则,接待人员在公司和来访人员之间根据合作事项的内容收集双方的意见,进行处理以至最后确定的工作,经双方确定后用文案交与双方。

(12)领导会谈

双方在合作事项达成一致后,双方领导一般会进行互相道贺的仪式,接待人员适时作相关的安排。

(13)机场(车站)送车

来访人员离开,由接待人员陪同送车,接待人员除了主动帮来访人员提行李外,如有公司赠送的纪念品,一定要提醒或者直接递交到来访人员手上。送车时,须等到来访人员离开自己的视线范围以后,才能离开。

(14)电话回访

接待人员按送来访人员走的航班号(车次),估计他们到达的时间,适时去电进行咨询接待工作的情况,了解客户对公司的产品和企业形象等方面的意见。及时做好报告上报公司,以便改进。

无论来访者以何种目的来访,接待工作很多时候会直接影响到客户对我们公司的选择。只要我们的接待工作做好了,就会给来访者留下一个良好的形象,从而增加企业的行业竞争力。

2)面对面有效接待客户的礼仪

要想有效地接待客户,还要有礼节地接待客户:

(1)"学会微笑"

微笑语被称为"世界语",它是人际关系的润滑剂,在生活中有很大的适用性,可以说世界上几乎每一个地方的微笑都是一种友好和高兴的表示,接待顾客时的微笑,可以让顾客感到自己的被尊重。当然,微笑应当是发自内心,要真诚,要得体,不能哈哈大笑,也不能强作欢颜,我们说某人"笑的比哭还难看",这种笑会让顾客难受。我们说微笑在世界上有很普遍的适用性,但是微笑也有民族或文化上的差异。有的民族,微笑是表示生气,比如希腊人在生气时就可能微笑。所以接待顾客时微笑也要注意这个民族的差异性。

(2)目光语的使用礼仪

在接待客户时,目光的使用是非常重要的,目光语的使用礼仪总原则就是尽量用平和的眼光与人交流。所谓平和就是平等的态度、平常的心态、温和的目光、正视而不是侧视或斜视。

不同的场合我们可以选择不同的目光语与人交流:

当你被介绍给别人认识时,你的目光要注视对方的脸部,不要上上下下地打量对方,否则就是不尊重对方。

当谈兴正浓的时候,不要东张西望或有其他的动作,否则这也是一种失礼行为。当然,有的时候,你要赶别人走,可以这样做。

和老年人交谈时,最好是走到他的身旁,柔和地直视对方,尽量产生亲切感。

不过,目光的礼节也有民族和文化的差异:比如美国、欧洲北部、加拿大这些地方,直接对视表示兴趣和关注;而在亚洲、印度和非洲部分地区,回避对视则表示尊敬。据说,美国一家医院的院长定期和医院里的一个亚洲医生见面探讨一个问题。三四个月以后再见面时,院长对那位医生生气地抗议说:"那次我们讨论时你为什么不看我!"而这位亚洲医生回答说他没有看着对方是为了表示尊敬。所以,用目光交流要注意这种文化的差异性,免得产生误会。

(3)礼貌地打招呼

①交换名片的礼节。

交换名片有两个动作,即一递一送。

递名片讲究奉,所谓奉就是奉送之义。

在交换名片前,事先将名片准备好,放在上衣口袋里或专用的名片夹中随时方便地拿出,如果左翻右找,显得不礼貌,而且给人一种忙乱的感觉。

把名片递给客户时,应该郑重其事,最好是起身站立,走上前,双手或用右手将名片正面面对对方递过去,不要将名片背对或颠倒着面对对方,更不要用指尖夹着给对方。

接名片讲究恭,所谓恭就是恭敬。

②称呼的礼节。

办公室人员对客户的称呼具有一定的特殊性,总的要求就是庄重、正式、规范。进行人际交往时一定要回避错误的做法。

对于客户,一般约定俗成地按性别的不同分别称为"小姐""女士""先生"。小姐与女士的区别就在于结婚与否。在宾馆、商店、餐馆、歌厅、酒吧、寻呼台、交通行业等,这种称呼都流行。

③握手的礼节。

握手的标准方式是行至距握手对象1米处,双腿立正,上身略向前倾,伸出右手,四指并拢,拇指张开与对方相握,握手时用力适度,上下稍晃动三四次,随即松开手,恢复原状。与人握手,神态要专注、热情、友好、自然,面含笑容,目视对方双眼,同时向对方问候。

【做一做】

一、经典案例阅读

客户满意度回访

金星汽车客户满意度回访(1)

场景:李宇是金星汽车特约维修中心的客户经理,在最近一段时间,他通过电话回访进行客户满意度的调查。今天早上他一到公司,就开始了电话拜访。

"是王刚吗?"

"我是,哪位?"

"我是金星汽车特约维修中心的。"

"有事吗?"

"是这样,我们在做一个客户满意度的调查,想听听您的意见?"

"我现在不太方便。"

"没有关系,用不了您多长时间。"

"我现在还在睡觉,您晚点打过来好吗?"

"我待会也要出去啊,再说这都几点了,您还睡觉啊,这个习惯可不好啊,我得提醒您。"

"我用得着你提醒吗? 你两小时后再打过来。"

"您还是现在听我说吧,这对您很重要,要不然您可别怪我。"客户挂断。

金星汽车客户满意度回访（2）

场景:李宇是金星汽车特约维修中心的客户经理,在最近一段时间,他通过电话回访进行客户满意度的调查。今天早上他一到公司,就开始了电话拜访。

"您好,请问是王刚先生吗?"

"我是,哪位?"

"您好,我是金星汽车特约维修中心的客户经理,我叫李宇。"

"有事吗?"

"是这样,您是我们公司的老客户,为了能为您提供更好的服务,我们现在在作一个客户满意度的调查,想听取一下您的意见,您现在方便吗?"

"我现在不太方便"。

"噢,对不起,影响您工作了。"

"没有关系。"

"那您看您什么时候方便呢,我到时候再给您打过来。"

"噢,您中午再打吧。"

"噢,那不会影响您吃饭吗?"

"您十二点半打过来就可以了。"

"好的,那我就十二点半打给您,谢谢您,再见!"

案例评析:

第一个回访是比较差的,在这里李宇在提问语气的使用上就有问题,更何况他没有考虑客户的当时情况,没有站在客户的角度上思考问题,从而导致回访没能达到预期的效果,也给客户留下了十分不好的印象。

第二个回访是比较成功的,在这里,李宇运用了一些技巧,先站在客户的角度思考问题,给客户留下了比较好的印象,在下次回访时肯定能得到预期的效果。

阅读思考:

①分析李宇成功与客户沟通的原因是什么?

②讨论与客户沟通应该注意些什么?

二、实训活动

◎ 内容

物流企业客户满意度回访

◎ 目的

用电话回访的方式,调查物流企业客户的满意度情况,要求注意沟通的技巧。

◎ 人员

①实训指导:任课老师;

②实训编组:学生按 8~10 人分成若干组,每组选组长及记录员各一人。

◎ 时间

3~5 天

◎ 步骤

①由教师在校内组织安全教育。

②与实训企业相关部门取得联系,并组织学生集体去该企业参观。

③邀请物流企业各业务部主管介绍本部门客户服务内容。

④分组进行电话访问,查看企业客户服务相关资料,并做好记录。

⑤撰写调查文档。

⑥实训小结。

◎ 要求

利用业余时间,根据具体情况选择有一定代表性的物流企业,进行客户回访,从中学习和了解与客户沟通的方法和技巧,并认识其重要作用。

◎ 认识

作为未来物流企业员工,掌握了一些沟通的方法和技巧,对我们未来的工作将会有很大帮助。

【任务回顾】

通过对本章的学习,使我们初步掌握了一些沟通的方法和技巧,学习了客户接近的方法,清楚一些物流客户沟通和管理的表格填制及客户参观接待的基本方法,通过本章的学习,同学们将会掌握更多的物流客户服务沟通方面的方法和技巧。通过对物流企业的实训体验,了解了物流企业客户服务沟通的一般要求,为将来从事有关工作做好准备。

【名词速查】

1. 与客户沟通

与客户沟通就是营销人员与现实的和潜在的客户保持联系,及时把企业的产品介绍给客户,同时注意了解他们的需求,交流产销信息。

2. 流星顾客

流星顾客是指喜欢不断尝试新的选择,并不总与该企业交易,但每次交易都能为企业带来一定的收益。

3. 客户金字塔

客户金字塔是以消费额或利润贡献等重要指标为基准确定客户类别的,它把客户群分为 VIP 客户(A 类客户)、主要客户(B 类客户)、普通客户(C 类客户)、小客户(D 类客户)4 个类别。

【任务检测】

一、单选题

1. (　　　)是与人沟通良好的前提。
A. 平时多联络　　　　　　B. 记住客人的名字
C. 主题突出　　　　　　　D. 摸透对方的心理

2. 当营销人员打开客户的大门拜访客户时,进行自我介绍之后应该(　　　)客户。
A. 介绍业务给　　　B. 咨询　　　　C. 感谢　　　　D. 了解

3. 愿意与企业建立长期互利互惠关系,每次交易都能为企业带来收益的客户是(　　　)。
A. 黄金顾客　　　B. 小溪顾客　　　C. 大河顾客　　　D. 负担顾客

4.(   )是金字塔中最上层的金牌客户,是在过去特定时间内消费额最多的前0.1%客户。

A.老客户　　　　　B. VIP客户　　　C.主要客户　　　D.大客户

5.(   )语被称为"世界语",它是人际关系的润滑剂,在生活中有很大的适用性。

A.手势　　　　　　B.微笑　　　　　C.英　　　　　　D.面部

二、多选题

1.与客户沟通的原则有(   )。

A.知己知彼,百战不殆　　　　　　B.平时多联络

C.记住客人的名字　　　　　　　　D.良好的态度

2.面对面沟通成功的要素有(   )。

A.语言　　　　　　B.语调　　　　　C.表情　　　　　D.手势

3.与客户寒暄的方法如(   )。

A.奉承法　　　　　B.批评法　　　　C.交谈法　　　　D.好奇心法

4.按照顾客对待产品的态度,可将顾客分为(   )。

A.品牌转移顾客　　　　　　　　　B.虚假顾客

C.忠诚顾客　　　　　　　　　　　D.无品牌忠诚顾客

5.根据来访人员的级别不同,接待可以分为(   )。

A.普通人员　　　　　B.高级人员　　　C.特级人员　　　D.领导人员

三、判断题

1.(   )沟通是一种使别人信服的艺术。沟通多了,才会避免误解的发生。

2.(   )能善于表达出你的观点与看法是最重要的。

3.(   )与客户交流时,应该多用日常用语,少用专用名词。

4.(   )人际交往和销售过程中信息沟通大多是由言语进行的。

5.(   )潜在客户是指即将与我们发生交易关系的客户。

四、思考题

1.与客户沟通的技巧有哪些?

2.什么是客户ABC分类法?

3.目光语的使用礼仪有什么?

参考答案

一、单项选择题

1. D　　2. C　　3. A　　4. B　　5. B

二、多项选择题

1. AB　　2. ABCD　　3. AD　　4. ACD　　5. ABC

三、判断题

1. √　　2. ×　　3. √　　4. ×　　5. ×

四、思考题

1. 与客户沟通的技巧有哪些?

(1)抓住客户的心

(2)记住客人的名字

(3)不要吝啬你的"赞美的语言"

(4)学会倾听

(5)注意沟通场合

(6)培养良好的态度

2. 什么是客户 ABC 分类法?

这是指按客户购买产品金额分类。在客户管理中,就是把公司全部客户按购买金额的多少,划分为 ABC 三类。

A 类,大客户,购买金额大,客户数量少;C 类,小客户,购买金额少,客户数量多;B 类,一般客户,介于 AC 类之间。管理的重点是抓好 A 类客户,照顾 B 类客户。

3. 目光语的使用礼仪有什么?

在接待客户时,目光的使用是非常重要的,目光语的使用礼仪总原则就是尽量用平和的眼光与人交流。所谓平和就是平等的态度、平常的心态、温和的目光、正视而不是侧视或斜视。

不同的场合我们可以选择不同的目光语与人交流:

当你被介绍给别人认识时,你的目光要注视对方的脸部,不要上上下下地打量对方,否则就是不尊重对方。

当谈兴正浓的时候,不要东张西望或有其他的动作,否则这也是一种失礼行为。当然,有的时候,你要赶别人走,可以这样做。

和老年人交谈时,最好是走到他的身旁,柔和地直视对方,尽量地产生亲切感。

不过,目光的礼节也有民族和文化的差异:比如美国、欧洲北部、加拿大这些地方,直接对视表示兴趣和关注;而在亚洲、印度和非洲部分地区,回避对视则表示尊敬。据说,美国一家医院的院长定期和医院里的一个亚洲医生见面探讨一个问题。三四个月以后再见面时,院长对那位医生生气地抗议说:"那次我们讨论时你为什么不看我!"而这位亚洲医生回答说他没有看着对方是为了表示尊敬。所以,用目光交流要注意这种文化的差异性,免得产生误会。

任务 5
客户满意

教学要求

1. 了解客户满意的概念;

2. 理解顾客满意理论的根据和投诉处理的技巧;

3. 了解提供超值服务的理论和技巧;

4. 注意遵守承诺的意义;

5. 注重客户服务的细节、方法和技巧;

6. 描述物流客户服务的个性化与标准化。

学时建议

知识性学习:4 课时

案例学习讨论:2 课时

现场观察学习:6 课时(业余自主学习)

【导学语】

你知道什么是客户满意吗？客户满意对物流企业重要吗？

客户满意度是否就是顾客购买服务后的感觉呀？

客户需求是决定客户满意的基础。

卷首案例

近乎完美的服务

虽然泰国的经济在亚洲算不上最发达，泰国的东方饭店却堪称亚洲饭店之最，几乎天天客满不说，入住的机会更是需要提前预订争取。

是什么令东方饭店对大多来自西方发达国家的客人充满如此魅力？仅仅因为泰国的旅游风情吗？抑或是其独到的人妖表演？都不是，其征服人心靠的是几近完美的客户服务，靠的是一套完善的客户管理体系。请看下面的例子：

企业家 A 先生到泰国出差，下榻于东方饭店，这是他第二次入住该饭店。

次日早上，A 先生走出房门准备去餐厅，楼层服务生恭敬地问道："A 先生，您是要用早餐吗？"A 先生很奇怪，反问："你怎么知道我姓 A？"服务生回答："我们饭店规定，晚上要背熟所有客人的姓名。"这令 A 先生大吃一惊，尽管他频繁往返于世界各地，也入住过无数高级酒店，但这种情况还是第一次碰到。

A 先生愉快地乘电梯下至餐厅所在楼层，刚出电梯，餐厅服务生忙迎上前："A 先生，里面请。"A 先生十分疑惑，又问道："你怎么知道我姓 A？"服务生微笑答道："我刚接到楼层服务电话，说您已经下楼了。"

A 先生走进餐厅，服务小姐殷勤地问："A 先生还要老位子吗？"A 先生的惊诧再度升级，心中暗忖："上一次在这里吃饭已经是一年前的事了，难道这里的服务小姐依然记得？"服务小姐主动解释："我刚刚查过记录，您去年 6 月 9 日在靠近第二个窗口的位子上用过早餐"，A 先生听后有些激动了，忙说："老位子！对，老位子！"于是服务小姐接着问："老菜单？一个三明治，一杯咖啡，一个鸡蛋？"此时，A 先生已经极为感动了："老菜单，就要老菜单！"

给 A 先生上菜时,服务生每次回话都退后两步,以免自己说话时唾沫不小心飞溅到客人的食物上,这在美国最好的饭店里 A 先生都没有见过。

一顿早餐,就这样给 A 先生留下了终生难忘的印象。

此后 3 年多,A 先生因业务调整没再去泰国,可是在 A 先生生日的时候突然收到了一封东方饭店发来的生日贺卡:亲爱的 A 先生,您已经三年没有来过我们这里了,我们全体人员都非常想念您,希望能再次见到您。今天是您的生日,祝您生日愉快。

A 先生当时热泪盈眶,激动难抑……

据西方营销专家的研究和企业的经验表明:"争取一个新顾客的成本是留住一个老顾客的 5 倍,一个老顾客贡献的利润是新顾客的 16 倍。"注意收集和利用客户信息,这是客户管理的一个重要方面。

想一想:

1. 泰国东方饭店的哪些优质服务感动了 A 先生?

2. 东方饭店在为顾客服务方面有哪些独特的做法?对你有什么启示?

通过上述案例的介绍,我们可以看出,服务包括方方面面,会遇到多种多样的服务,不管是哪一种服务,都应该以"使客户满意"作为服务人员对自己的根本要求。本案例中泰国东方饭店以近乎完美的客户服务,吸引着世界各地的客户入住酒店,取得了很好的收益,使客户感受到了优秀的服务。物流企业在整个客户服务的过程中,都应该严格要求自己的客户服务人员,使他们能够提供最佳的服务。本章介绍了物流客户满意的问题,包括客户满意的概念,理解顾客满意理论的根据和一系列使客户满意度增加的技巧,如投诉处理的技巧、提供超值服务的技巧、注重客户服务的细节的技巧、物流客户服务的个性化与标准化技巧等,使大家掌握更多更全面的物流客户服务的手段和技巧。

【学一学】

5.1 什么是客户满意

5.1.1 客户满意概述

据美国《财富》杂志对"全球 500 强企业"的跟踪调查,企业的客户满意度指数同"经济增值"和"市场增值"呈明显的正比关系:企业的客户满意度指数若每年提升一个点,则 5 年后该企业的平均资产收益率将提高 11.33%。对企业而言,"满足客户的要求和期望"将取代追求质量合格或服务达标而成为企业所追求的最高目标。

客户满意是指客户通过对一个产品或服务的可感知的效果与他期望值相比较后,所形成的愉悦或失望的感觉状态。满意度是顾客满足情况的反馈。它是对产品或者服务性能,以及产品或者服务本身的评价;给出了一个与消费的满足感有关的快乐水平,包括低于或者超过满足感的水平,是一种心理体验。

可以这样理解客户满意度:

①客户满意度是一个相对的概念,是客户期望值与最终获得值之间的匹配程度。

②客户的期望值与其付出的成本相关,付出的成本越高,期望值越高。公交车的例子中付出的主要是时间成本。

③客户参与程度越高,付出的努力越多,客户满意度越高。所谓越难得到的便会越珍惜。

客户满意度是一个变动的目标,能够使一个顾客满意的东西,未必会使另外一个顾客满意,能使得顾客在一种情况下满意的东西,在另一种情况下未必能使其满意。只有对不同的顾客群体的满意度因素非常了解,才有可能实现100%的顾客满意。保持顾客的长期满意度有助于客户关系的建立,并最终提高企业的长期赢利能力,取得最高程度的顾客满意度是营销的最终目标。

企业之所以愿意花费大量的财力、物力来作客户满意度研究,是因为他们希望通过客户满意度研究的结果为公司制订长期战略提供基础信息支持,另一方面,它们当然也希望以此为契机能够立即提升公司的服务质量。

案　例

海尔集团生产的电冰箱,就是根据不同的市场需求,生产个性化的产品,从而赢得了更大的市场。他们为上海家庭生产了瘦长型、占地面积小、外观漂亮的冰箱;为广西顾客开发了有装水果用的保鲜室的冰箱……从而在不断发现和满足个性化的需求中,创造出一块又一块可以独自享用的新"蛋糕",满足消费者的潜在需求,赢得了顾客的垂青。

想一想:

作为物流业工作人员,怎样最大限度满足客户需求、提高客户满意度呢?

5.1.2　投诉处理与顾客满意理论根据

美国商人马歇尔·费尔德说:那些购买我产品的人是支持我的人;那些夸奖我的人使我高兴;那些向我埋怨的人是我的老师,他们纠正我的错误,让我天天进步;

只有那些一走了之的人是伤我最深的人，他们不愿给我一丝机会。这是一个著名商人的肺腑之言。像哈佛教授李维特就在《哈佛商业评论》当中说："与客户之间关系走下坡路的一个信号就是客户不再抱怨了。"所以，当我们的企业听不到客户在对我们说一些什么或者强调你存在一些问题的时候，那就说明客户已经不再信任你了。

1）处理客户投诉的原则

可以看出，客户的投诉对企业来说并不完全是坏事，客户服务面临的最大挑战是妥善地解决客户投诉，对于提出投诉的客户来说，如果他们的问题能够得到及时妥善的解决，他们会比没有问题的客户更加感到满意！但是这取决于你的投诉处理能力。处理客户投诉可以遵循以下原则：

①迅速采取行动：客户有投诉时应立即接待，如果有专职客诉处理人员，则第一位接触投诉客户的员工应大致了解一下情况，再带路去找专职客诉处理人员，切忌告诉他"你去某某办公室，找某某人"，如果没有专职客诉处理人员，则实行首问责任制，即每个人都是客诉处理人员。

②认真分析产生投诉的原因。通过具体观察来不断分析顾客因何投诉、投诉的理由是什么、投诉所要达到的目的又是什么，集中归纳。耐心倾听客户的抱怨坚决避免与其争辩：耐心专注地听客户的话，等其讲完再讲，而不要恶意打断。

③掌握有效处理投诉的方法。切勿谈"投诉"色变，失去在第一时间及时处理的最佳时机，正确的处理方法会把投诉转化为良性的方向。我们首先要以端正的态度去正视投诉，针对各类不同的意见问题，迅速提出最妥善和正确的解决方案。对于无法在第一时间彻底解决产生的遗留问题，我们应在事后通过各种渠道及时将处理意见或改进措施反馈给顾客。

④想方设法平息客户抱怨，消除怨气。当投诉很激烈，客户很难缠的时候，先问其有何具体要求，然后在我们的最大权限内满足他，消除他的怨气。

⑤合理避免投诉的发生。未雨绸缪，胜过临渴掘井！防患于未然，才能将投诉现象做到早预防、早发现、早解决，将隐患消灭于萌芽状态，有效维护和提升企业服务形象。

2）客户投诉处理五大技巧

①虚心接受客户投诉，耐心倾听对方诉说。客户只有在利益受到损害时才会投诉，作为客服人员要专心倾听，并对客户表示理解，并做好纪要。待客户叙述完后，复述其主要内容并征询客户意见，对于较小的投诉，自己能解决的应马上答复客户。对于当时无法解答的，要做出时间承诺。在处理过程中无论进展如何，到承

诺的时间一定要给客户答复,直至问题解决。

②设身处地,换位思考。当接到客户投诉时,首先要有换位思考的意识。如果是本方的失误,首先要代表公司表示道歉,并站在客户的立场上为其设计解决方案。对问题的解决,也许有三到四套解决方案,可将自己认为最佳的一套方案提供给客户,如果客户提出异议,可再换另一套,待客户确认后再实施。当问题解决后,至少还要有一到二次征求客户对该问题的处理意见,争取下一次的合作机会。

③承受压力,用心去做。当客户的利益受到损失时,着急是不可避免的,以至于会有一些过分的要求。作为客服人员此时应能承受压力,面对客户始终面带微笑,并用专业的知识、积极的态度解决问题。服务人员以自己的服务、能力赢得了客户的信任,同时也得到了公司的信任,使合作领域进一步扩大。

④有理迁让,处理结果超出客户预期。纠纷出现后要用积极的态度去处理,不应回避。在客户联系你之前先与客户沟通,让他了解每一步进程,争取圆满解决并使最终结果超出客户的预期,让客户满意,从而在解决投诉的同时抓住下一次商机。

⑤长期合作,力争双赢。在处理投诉和纠纷的时候,一定要将长期合作、共赢、共存作为一个前提,以下技巧值得借鉴:

- 学会识别、分析问题;
- 要有宽阔的胸怀,敏捷的思维及超前的意识;
- 善于引导客户,共同寻求解决问题的方法;
- 具备本行业丰富的专业知识,随时为客户提供咨询;
- 具备财务核算意识,始终以财务的杠杆来协调收放的力度;
- 有换位思考的意识,勇于承担自己的责任;
- 处理问题时留有回旋的余地,任何时候都不要将自己置于险境;
- 处理问题的同时,要学会把握商机。

小知识

处理顾客投诉,"真诚"二字非常重要。企业员工应理解顾客的心情、同情顾客的处境,努力识别和满足他们的需求,站在顾客的立场上满怀诚意地帮助顾客解决问题。只有这样,才能赢得顾客的信任和好感,有助于问题的解决,并在此基础上给顾客带来精神上的满足和愉悦。

3)顾客满意理论根据

客户满意度是可感知效果和期望值之间的关系是这样的:如果可感知效果低于期望值,客户就会不满意;如果可感知效果与期望值相匹配的话,客户就满意;如果可感知效果超过期望,客户就会高度满意。

请看来自公交车的启示。设想一下,烈日炎炎的夏日,当你一路狂奔,气喘吁吁地在车门关上的最后一刹那,登上一辆早已拥挤不堪的公交车时,洋溢在你心里的是何等的庆幸和满足! 而在秋高气爽的秋日,你悠闲地等了十多分钟,却没有在起点站"争先恐后"的战斗中抢到一个意想之中的座位时,又是何等的失落和沮丧!

同样的结果——都是搭上没有座位的公交车,却因为过程不同,在你心里的满意度大不一样,这到底是为什么? 显然问题的答案在于你的期望不一样,炎热的夏天你的期望仅在于能"搭"上车,如果有座位那是意外之喜,而在凉爽的秋天你的期望却是要"坐"上车,而且最好是比较好的座位。同样的结果,不同的期望值,满意度自然不同。

如图 5.1 所示,客户在购买之后,他们将产品和服务的实际评价与自己的标准相比较,从比较中判断自己的满意程度。

根据三角定律,客户满意度 = 客户体验 – 客户期望值。如图 5.1 所示,若结果为正数,即客户体验超过客户期望,是满意的,这个正数数值越大,客户满意度越高。相反,当差值为负数时,即客户体验低于客户期望,数值越大,客户满意度也越低。

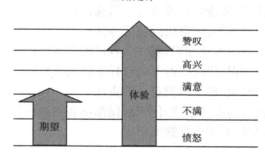

图 5.1　客户满意度的判断

(1)事前期待小于实际评价时

产品和服务的品质超过了原先的期待时,客户会感到喜悦与满意。经过多次这种情况的反复后,客户就会成为提供产品和服务的忠诚者,而且还能带来新客户。这时,企业应通过良好的服务巩固新老客户。

(2)事前期待等于实际评价时

期待等于实际时,一旦出现有力竞争者,客户就会出现背离。这种情况不能完全保证客户的稳定,唯有"物超所值",才能真正抓住客户。

（3）事前期待大于实际评价时

如果客户期待过高，往往会对产品或服务感到失望，为此丧失客户。此时，企业要重新获得客户的信任，然后再接受商品。但是，客户的购买行动日趋复杂，要确实掌握不是简单的事。尤其是"事前的期待"，随着资讯的扩散和客户需求的迅速变化，期待也随时改变，而且，即使同样的商品，所期待的内容也会因人而异。因此，要超越事前的期待并不是容易的事情，企业要随时调整自身的经营策略。

4）客户满意度分析中需要注意的因素

（1）客户需求

如果我们不了解客户需求就不可能得到客户满意度方面的真实情况数据。而且我们知道：

事先期望＞事后获得，客户感到不满，抱怨产生了，继而转移阵地；

事先期望＝事后获得，客户感觉平平，作为一种经验累积，如果没有更好的产品/品牌，可以持续下去，但关系难以持久；

事先期望＜事后获得，客户感到满意，形成良好口碑，形成忠诚客户。

（2）消费行为方面

根据社会营销观念，我们知道，不是所有的消费者需求都能得到满足和有必要得到满足，因此，了解消费行为能为我们有利的区分哪些消费者需求是必须满足，哪些消费需求在现阶段是不必去满足的。

（3）顾客的评价

通过顾客对研究对象评价，找到研究对象的顾客满意度水平，并且通过与行业内的主要竞争在各细分指标上的比较，得到研究对象在行业内的顾客满意度水平，同时找到与竞争对手相比的比较优势与短板，为企业的下一步工作提供决策基础。

5.2　客户满意基础

5.2.1　提供超值服务

物流超值服务是指在完成物流基础任务上，根据客户需要提供的各种延伸业务活动，为客户提供其他服务性的项目。超值服务与基本服务的主要区别，有以下几点：①超值服务是一种深层次的物流服务，超值服务一般来讲是面对特定企业的一种特殊服务方案。②超值服务对于客户来讲，需要提供超出一般服务的费用支出。③超值服务具有时效性。④超值服务是不断发展的动态服务。

提供超值服务有助于留住客户,作为服务对象的客户,总是在消费过程中凭个人的满意度来评价企业所提供的服务质量,这当然会带有感情色彩。额外的服务是指与本商品无关的行为,但由于这些行为会给客户减轻负担或麻烦,往往能取得客户的信赖,使客户愿意付出更多的价钱购买某种商品。事实上,能否留住客户,至关重要的是客户拿到一件商品时是否满足,在于服务是否周全,交货是否准时,价格是否合理。总之,关键在于是否向客户提供了优质的服务。

提供超值服务是应注意:

①提供超值服务要关注客户不同层次的需求;

②提供超值服务要主动照顾客户的需求;

③提供超值服务要创造一种为客户服务的氛围;

④通过提供价值附加服务留住客户;

⑤通过提供信息附加服务留住客户;

⑥通过提供效率附加服务留住客户;

⑦通过提供额外利益附加服务留住客户;

⑧通过提供便利附加服务留住客户。

就拿提供便利来说吧,为客户提供最大限度地方便同样是超值服务的方式,比如送货上门服务就是便利附加。没有人会怀疑送货上门服务不是一种超值服务。在如今这个繁忙的社会中,为客户提供方便是创造"客户期望超值附加"的一种特别富有成效的方法,企业在这方面应当创造自己独特的方式。

小案例

在一般人的心目中,现代航空速递业所递送的物件大都是些信封包裹,分量不会太重。然而,中外运敦豪改变了这一传统印象。这家公司最近推出了"DHL超值重货"快递产品,适用于70千克以上的航空快件,特别为华北地区发往日本的重货快递提供了经济实惠的解决方案。作为中外运敦豪家族的一员,该产品将一如既往地为客户带来世界级的专业服务及安全保障。通过DHL遍布全球的快递网络,"DHL超值重货"采用门到门的派送方式,以一张账单处理所有出口需求,为客户带来无与伦比的便捷体验。

5.2.2 遵守承诺

遵守承诺,也就是诚信原则,在物流服务也是非常重要的。诚信作为一种价值观,在现代市场经济体制和法制社会条件下,就要求人们自觉守法、诚实守信。诚信是无形资产。它可以给企业带来广阔的市场,也可以使企业"声名扫地"。物流业要培养忠诚、长久的客户,首先自身要诚信,以诚换诚,方能众志成城。物流行业作为服务行业,其诚信理念和责任意识就显得更加重要。诚实守信对于物业企业来说,其基本作用是树立良好的信誉,树立起值得他人信赖的企业形象。职业信誉是职业信用和名誉的有机统一。它体现了社会承认一个行业在以往职业活动中的价值,从而影响到该行业在未来活动中的地位和作用。对一些不诚实不守信的投机分子要坚决打击,让制假、造假、卖假者付出沉重的代价。

只有切实提高物流业的服务意识和水平,树立诚信经营的理念,才能促进物流业的健康发展。在新旧体制转换过程中,由于传统诚信文化中重义轻利思想与市场经济竞争寻租原则的冲突,道德功能暂时弱化,尤其是在货运市场不够规范的条件下,物流业务的运作在一定程度上存在着失信行为,如假账违约、欺诈蒙骗、赖账赖债和偷税漏税等。为保证经济持续稳定发展,就要尽快建立健全的物流诚信体系,提高物流产业的公信力和竞争力。

诚信建设是中国经济和社会发展的客观要求,要形成物流诚信建设的长效机制。对诚信的理解必须从伦理道德的范畴提升到制度建设的层面,并落实到物流行政管理部门和物流经营户的日常工作中,可以有以下做法:

①健全法律和规章制度。物流行政管理部门应结合实际情况,制订详细的行为规范,做到物流业务规范化、制度化。

②建立信用档案。对服务人员建立信用档案,对其进行整体评价。

③形成奖罚机制。严格物流诚信考核制度,将物流信用档案公开,打造"诚信者受益、失信者受损、违法者受惩"的物流信用环境。

④开展诚信教育。通过诚信观念的教育和灌输,增强物流从业人员在物流服务活动中的自我约束意识。物流诚信教育最直接的方法是对物流从业人员进行有效的职业操守教育,使他们能严格遵守物流业道德行为规范,遵守"游戏规则",公平、公正地履行各自的义务,增强责任感和敬业精神。同时,可以把诚信建设与物流业务结合起来,开展"物流服务党员示范岗"、"物流服务技能大比拼"、"青年志愿者物流服务"等活动,在实践中强化物流从业人员的诚信意识。

小案例

一家物流公司的姜老板惊喜地拿到一份一家大型瓷业公司签订的价值6个亿的合同。这笔生意的得来竟是因为不久前一场意外的火灾,7月,该物流公司从瓷业公司接纳了一宗瓷制品的出口托运业务,因为车辆自燃造成的货物损毁,物流公司一般只承担附加责任。但为了维护物流公司的形象,以后更好地和企业合作,他们主动承担了对瓷业公司的赔偿责任。这使瓷业公司对这家物流公司的诚信服务有了更深的认识,并将以后公司的对外发货业务准备都交给这家物流公司来做。

5.2.3 注意客户服务细节

细节就是那些琐碎、繁杂、细小的事,因为我们物流服务中的日常大量的工作就是这些琐碎、繁杂、细小的事的重复。"千里之堤,溃于蚁穴",一个不经意的疏忽,其破坏力往往是惊人的。那个"一口痰吐掉一个联营药厂"、"一顿饭吓跑外商"的故事已经广为流传,它让我们感慨,也让我们深思。

做好细节服务,就是从小事做起,就是对"简单"的重复,对"简单"的持之以恒,应该做到:

①细节服务须全程关注。服务没有句号,细节体现在服务的整个过程之中,正如没有"点"就没有"线"一样。比如,当客户在踏进我们展厅时我们的"一杯水"服务是否能立刻以水温传达给客户于我们的真诚。在订单之后我们是否及时收集反馈信息、了解其销售走势、做好为客户解决后顾之忧的准备等。

②细节服务应以人为本。客户是上帝不能只停留在口号上,尊重并满足他们是最基本的要求。客户需要什么?畅销的品牌及持久的盈利、人格的尊重。微笑服务、文明服务、诚信服务等都体现了对人的尊重。不仅要关注客户,还要真诚地关心客户,唯有如此,才能赢得客户。

③细节服务须全员参与。虽说基层员工接触客户更多一些,高层领导更要关注宏观决策,但若没有具体细节的落实,再好的决策也只能是空中楼阁。只有领导重视、基层执行有力、落实果断,才能体现细节服务的精髓。

④细节服务须全程关注。服务没有句号,细节体现在服务的整个过程之中,正如没有"点"就没有"线"一样。

伴随着商战的日益激烈,经营者们也越来越注重做"服务"的文章,服务的范围也在不断扩大。作为一名客服人员,做好完善的细节服务是我们赢得越来越多客户青睐的法宝。"千里之堤,溃于蚁穴"可见细节决定成败。将工作持之以恒地落实到行动的点点滴滴,把注重细节贯穿到服务的方方面面,在细微处力求精益求精,如此才能在老百姓中形成良好口碑,切实提高客户忠诚度,树立服务品牌。

小案例

一位妇女每星期都固定到一家杂货店购买日常用品,在持续购买了3年后,有一次店内的一位服务员对她态度不好,于是她便到其他杂货店购物。12年后,她再度来到这家杂货店,并且决定要告诉老板为何她不再到他的店里购物。老板很专心地倾听,并且向她道歉。等到这位妇女走后,他拿起计算器计算杂货店的损失。假设这位妇女每周都到店内花25美元,那么12年她将花费1.56万美元。只因为 12 年前的一个小小的疏忽,导致了他的杂货店少做了 1.56 万美元的生意!

5.2.4 服务个性化与标准化

"标准化"与"个性化",字面上的抵触其实体现的是服务从量变到质变的过程。越来越多的物流企业已经建立了有效的客户服务系统,完成了针对客户服务的"业务流程再造"与"客户关系管理",并纷纷实现了"一站式"服务和"一对一"服务的普及。这个时候,打造差异化、个性化的服务就自动成为新的竞争焦点。

1)服务的个性化

现如今,不管做什么都时兴"个性化",过去那种大众化的、千篇一律的服务开始面临"下岗"的危险,取而代之的是更具人情味的个性化服务。物流企业在开展市场服务的过程中,自然也少不了要为客户提供个性化服务。物流服务个性化服务更多地体现在竞争性业务上。为了聚拢更多的客户资源,占有更多的市场份额,我们必须把自身服务调配得更合客户的"口味儿"。随着商品经济的发展,较多的客户已经不再满足于一般的服务,他们对于能体现个性的服务更加青睐。企业为客户提供满足其不同需求的个性化服务,使客户都能获得满意的感受。

提供个性化产品是终端物流的责任,提供个性化服务是物流的义务。那么,企业如何才能为客户提供更多个性化的产品和服务?

①了解客户的真正需求。面对面地了解客户的真实想法,根据客户的需求意向预测产品和服务。服务人员还必须了解客户的真正需求,面对面地了解客户的真实想法,根据客户的需求意向预测产品和服务。还可以让客户参与产品的设计过程。让客户参与产品的规划和设计,使客户感到产品是为他量身定做的。进行敏捷化的生产,使客户时刻感到个性化的享受,给客户提供个性化的服务。

②让客户参与产品的设计过程。让客户参与产品的规划和设计,提供系统化解决方案,不仅仅停留在向客户销售产品层面上,要主动为他们量身定做一套适合的系统化解决方案,在更广范围内关心和支持顾客发展,增强顾客的购买力,扩大其购买规模,或者和顾客共同探讨新的消费途径和消费方式,创造和推动新的需求。应当从加强客户联系,促进客户关系上增强服务,从而加深客户之间的印象。

③客户的不满意往往是实际与期望差异较大所造成的。如果仅仅依靠某一项或几项服务项目"取悦"客户,莫不如依照客户的需求有针对性地制作产品或设计包装进而提供服务(即所谓的个性化服务)产生的效果好。服务人员应该做到替客户想客户没有想到的,替客户做客户不能做到的,这样,才能做到让客户满意。并在适当的时候多了解客户的潜在欲望需求,其实当我们为客户提供了他意想不

到的服务,那种惊喜将是溢于言表的,可谓事半功倍。这样客户的满意度才会相对提高。

④提供人情味服务,进行感情投资。与客户的感情交流是企业用来维系客户关系的重要方式,日常的拜访、节日的真诚问候、婚庆喜事、过生日时的一句真诚祝福、一束鲜花,都会使客户深为感动。

⑤及时配送,提供便捷的购物、售后服务和后续服务。交易的结束并不意味着客户关系的结束,在售后还须与客户保持联系,以确保他们的满足持续下去。由于客户更愿意和与他们类似的人交往,他们希望与企业的关系超过简单的售买关系,因此企业需要快速地和每一个客户建立良好的互动关系,为客户提供个性化的服务,使客户在购买过程中获得产品以外的良好心理体验。

2)物流客户服务质量标准化

众所周知,美国的快餐业遍及世界各地,其生命力之强、"繁衍"速度之快,时至今日没有任何一家快餐业可以与之匹敌。研究其生命力的核心,服务经营的标准化建设无疑占据了主要地位。正是各项服务和操作的标准化规程,确保了快餐产品在全世界"口味一致、享受的优质服务一致"。

标准化建设不是简单地追求"统一",客户服务的规范要求之所以能成为标准,是结合了顾客对当前使用的满意度需求、服务单位的服务能力、社会环境以及不同行业售后服务标准的比较等因素。简单地说:服务标准应当是服务单位在力所能及的条件下进行服务的最好流程,按照这个标准进行服务才能产生理想的效果。

物流客户服务质量一般包括:服务硬件、服务软件和服务人员。三者相辅相成,缺一不可。

(1)服务硬件

服务硬件是指企业开展客户服务所必需的各种物质条件。它是企业客户服务的外包装,起到向客户传递服务信息的作用;它是企业开展客户服务工作必须具备的基础条件,也是客户对企业形成第一印象的主要因素。一般包括以下几个方面:

● 服务地点。服务的地点越近,越方便客户的购买,就越能赢得客户。

● 服务设施。服务设施主要指企业为客户提供产品或服务所必需的基本工具、装备等,包括数量和质量两个方面。

● 服务环境。服务环境主要指企业为客户提供服务的空间环境的各种因素,包括服务场所的内外装修、环境的色彩、空间的大小、光线明亮程度、空气清新度、环境卫生清洁度、家具的风格、座位的安排等。

（2）服务软件

服务软件是指开展客户服务的程序性和系统性，它涵盖了客户服务工作开展的所有程序和系统，提供了满足客户需要的各种机制和途径。程序就是我们说的客户服务的流程。这里边包括：

- 时限——时间标准。
- 流程——顺畅的业务流程，不能有不科学不合理的地方。
- 适应性——程序灵活适应客户。
- 预见性——领先客户一步着想。
- 信息沟通——迅速传递信息。信息沟通是指流程设定以后，是不是有利于信息的迅速传递。
- 客户反馈——收集、分析客户反馈信息。
- 组织和监管——清晰、高效的组织结构。

（3）服务人员

企业的服务硬件和软件是理性的、规则的，而这些规则要靠服务人员来执行，他们的行为决定着服务质量的好坏。

为达到优质服务，对于客户服务人员怎么进行要求，必须有一个标准。优质服务个人方面的标准有：

例如仪表，对客户的关注态度，销售技巧，投诉处理标准和权限，服务语言的标准化，等等，这些都是个人方面需要考虑的。

小案例

肯德基在进货、制作、服务等所有环节中，每一个环节都有严格的质量标准，并有着一套严格的规范保证，这些标准得到一丝不苟的执行，包括配送系统的效率与质量、每种佐料搭配的精确（而不是大概）分量、切青菜与切肉的顺序与刀刃粗细（而不随心所欲）、烹煮时间的分秒限定（而不是任意更改）、清洁卫生的具体打扫流程与质量评价量化，乃至于点菜、换菜、结账、送客、遇到不同问题的文明规范用语、每日各环节差错检讨与评估等上百套工序都有严格的规定。比如肯德基规定它的鸡只能养到七星期，一定要杀，到第八星期虽然肉长得最多，但肉的质量就太老。

【做一做】

一、经典案例阅读

神秘顾客活动

"神秘顾客挑战金牌商家",这是一个真正让消费者当考官的活动,他们可能没有执法部门的技术手段,可能缺乏行业部门的专业性,但相同的考题,商家不同的"作答",结果让神秘顾客们喜忧参半。

宽敞明亮的卖场、令人愉悦的背景音乐、充满暖意的温度……这些外在的包装让每个神秘顾客都无法挑剔,也让每个消费者在购物时都感受着。神秘顾客们将考察的重点放在了真正能考验商家的服务内涵上,"我要的东西在哪,有人带我去从而节约我的时间吗"、"我在超市突然身体不适了,有人帮助我吗"、"我想退货,多长时间能够解决"这3个消费者较为关注的问题是对所有商家的考题。令人意外的是,神秘顾客突发"意外",退货等难度较高的问题都能得到满意解决,简单的导购服务却令人难以满意,服务员不是胡乱指点就是以"不知道"作答,很少有服务员能够主动站出来带领顾客找到商品,免除因顾客上下奔波而造成时间和精力的浪费。

在总结会上,10名神秘顾客交流了考官心得,刘女士认为不少商家在服务细节上缺乏重视,仅仅找一个电视连接线,她便被"指挥"得沿着卖场走了一圈,最后还没有找到。这就表明了服务人员基本功不过关,不了解卖场商品布局。付女士则认为,虽然商场都要求服务人员微笑服务,可是真正能笑着向顾客问好或服务的服务员实在太少,她觉得商场对员工亲善度追踪不够。孙小姐觉得,一些商家的服务过于程式化,虽然现在气温已经不像冬天那么冷了,但有些商家依然开着空调,卖场内非常热。如果商家能够监测卖场温度,适当通风降温,就会让顾客保持一个愉快的购物心情。类似这样的服务细节问题,几乎每个神秘顾客都能说出一些来,他们一致认为,商家在服务问题上重面子工程,细节问题容易忽略,九功难抵一过,这些细节会直接影响消费者对商家的购物印象,不利于商家树立品牌形象。

案例评析

作为服务企业,既要向客户提供满意的服务环境,也要在服务过程中的细节上下功夫,将服务流程管理与绩效管理结合起来,借用"神秘顾客"之类外力来查找问题,从而提高客户满意度。

阅读思考:

1. 为了满足客户需要,我们应该怎样将神秘顾客活动引入物流服务中?

2. 讨论神秘顾客活动具有哪些特色?

二、实训活动

◎ 内容

物流企业神秘顾客调查。

◎ 目的

调查物流企业服务的漏洞,由学生伪装成有不同需求的顾客,通过观察物流服务人员的表现,说明该企业在物流服务方面还有哪些值得改进的地方。

◎ 人员

1. 实训指导:任课老师。

2. 实训编组:学生按 8 ~ 10 人分成若干组,每组选组长及记录员各一人。

◎ 时间

3 ~ 5 天

◎ 步骤

1. 由教师在校内分组练习,设想可能遇到的情况。

2. 与实训企业相关部门取得联系,并组织学生去该企业充当神秘顾客。

3. 记录反馈的情况。

4. 小组讨论并分析情况。将有关问题反馈给实训企业。

5. 撰写调查文档。

6. 实训小结。

◎ 要求

根据平时的调查研究,提出物流企业服务中常见的有关优质服务的一些问题,列出来,进行分析,找出解决的方法。通过实训活动,发现提高客户满意度的方法,提高自己的服务水平和服务意识。

◎ 认识

了解作为物流企业员工,应该怎样使自己的服务满足客户的需求,结合本章所学的内容,在守信、细节、超值服务等方面使顾客满意,对我们将来的工作意义重大。

【任务回顾】

通过对本章的学习,使我们初步掌握了使客户满意的基本知识。本章介绍了物流客户满意的问题,包括客户满意的概念,理解顾客满意理论的根据和一系列使客户满意度增加的技巧,如投诉处理的技巧、提供超值服务的技巧、注重客户服务的细节的技巧、物流客户服务的个性化与标准化技巧等,使大家掌握更多更全面的物流客户服务的手段和技巧。通过对物流企业的实训体验,了解物流企业客户服务的现状,为将来更好的从事客户服务工作打下基础。

【名词速查】

1.客户满意

客户满意是指客户通过对一个产品或服务的可感知的效果与他期望值相比较后,所形成的愉悦或失望的感觉状态。

2.物流超值服务

物流超值服务是指在完成物流基础任务上,根据客户需要提供的各种延伸业务活动,为客户提供其他服务性的项目。

3.服务标准

服务标准应当是服务单位在力所能及的条件下进行服务的最好流程,按照这个标准进行服务才能产生理想的效果。

【任务检测】

一、单项选择题

1.客户满意度是一个(　　　)目标,能够使一个顾客满意的东西,未必会使另外一个顾客满意。

A.简单的　　　　　　B.变动的　　　　　　C.不变的　　　　　　D.很低的

2.对于提出投诉的客户来说,如果他们的问题能够得到及时妥善的解决,他们会比没有问题的客户感到(　　　)。

A.不满　　　　　　B.一般　　　　　　C.相同　　　　　　D.更加满意

3.事前期待小于实际评价时,客户会感到(　　　)。

A.不满　　　　　　B.平静　　　　　　C.满意　　　　　　D.失望

4.事前期待大于实际评价时,客户会感到(　　　)。

A.不满 　　　　B.平静 　　　　C.满意 　　　　D.失望

5.(　　)是无形资产。它可以给企业带来广阔的市场,也可以使企业"声名扫地"。

A.优质服务 　　B.诚信 　　　　C.个性化服务 　　D.细节服务

二、多项选择题

1.提供超值服务包括(　　　　)。

A.提供价值附加服务 　　　　　　B.提供信息附加服务

C.提供效率附加服务 　　　　　　D.提供基本常规服务

2.处理客户投诉可以遵循以下原则:(　　　　)。

A.迅速采取行动

B.认真分析产生投诉的原因

C.正确地掌握有效处理投诉的方法

D.想方设法平息客户抱怨

3.做好细节服务,应该做到:(　　　　)。

A.健全法律 　　B.以人为本 　　C.全员参与 　　D.全程关注

4.企业为客户提供个性化服务,应该做到(　　　　)。

A.了解客户的真正需求

B.让客户参与产品的设计过程

C.程序灵活适应客户

D.提供人情味服务

5.物流客户服务质量一般包括:(　　　　)。

A.加快反应速度的服务 　　　　　B.服务硬件

C.服务软件 　　　　　　　　　　D.服务人员

三、判断题

1.(　　)超值服务对于客户来讲,不需要提供超出一般服务的费用支出。

2.(　　)做好细节服务,就是从小事做起,就是对"简单"的重复。

3.(　　)物流服务个性化服务不体现在竞争性业务上。

4.(　　)客户的不满意往往是实际与期望差异较大所造成的。

5.(　　)标准化建设是简单地追求"统一"。

四、思考题

1.怎样理解客户满意度?

2.客户投诉处理五大技巧是什么?

3.服务硬件是什么?它包括哪些方面?

参考答案

一、单项选择题

1. B   2. D   3. C   4. D   5. B

二、多项选择题

1. ABC   2. ABCD   3. BCD   4. ABD   5. BCD

三、判断题

1. ×   2. √   3. ×   4. √   5. ×

四、思考题

1. 怎样理解客户满意度？

（1）客户满意度是一个相对的概念，是客户期望值与最终获得值之间的匹配程度。

（2）客户的期望值与其付出的成本相关，付出的成本越高，期望值越高。公交车的例子中付出的主要是时间成本。

（3）客户参与程度越高，付出的努力越多，客户满意度越高。所谓越难得到的便会越珍惜。

2. 客户投诉处理五大技巧是什么？

（1）虚心接受客户投诉，耐心倾听对方诉说。

（2）设身处地，换位思考。

（3）承受压力，用心去做。

（4）有理迁让，处理结果超出客户预期。

（5）长期合作，力争双赢。

3. 服务硬件是什么？它包括哪些方面？

服务硬件是指企业开展客户服务所必需的各种物质条件。一般包括以下几个方面：

• 服务地点。

• 服务设施。

• 服务环境。

任务 6
客户期望值管理

教学要求

1. 理解影响物流企业客户期望值的因素；

2. 知道如何管理物流企业客户期望值；

3. 掌握降低物流企业客户期望值的途径；

4. 陈述物流企业客户投诉的原因；

5. 清楚物流客户企业客户投诉处理的原则、流程与方法。

学时建议

知识性学习：8 课时

案例学习讨论：4 课时

现场观察学习：4 课时（业余自主学习）

【导学语】

你知道什么是客户期望值吗？客户期望值对物流企业来说很重要吗？

客户期望值
很重要吗?

引导客户的期望值，不断
地调整产品策略，尽可能
地鼓励客户接受你的产品。

卷首案例

饭店老板会买什么油漆

一位饭店老板因为生意不好,重新装修店面,去装饰材料商店购买油漆,服务生在未了解客户的情况下,重点向他推荐"立邦漆",告诉饭店老板这种油漆的质量非常好,5年或10年都不会褪色,就是价钱相对来说贵了点儿,是普通油漆的2倍。饭店老板就问贵店就只有"立邦漆"吗?服务生赶紧说:还有其他的品牌,但其他牌子的油漆均不及"立邦漆"……

请读者想一想,如果你是这位客户,你会买吗?但如果该老板因迁新居而购买油漆,他会如何选择?为什么?

其实要正确回答上述问题,只要了解客户期望值及满足就行了。

【学一学】

6.1 客户期望值与管理

6.1.1 客户期望值

1)客户期望值

客户期望值是指客户认为物流企业提供的产品和服务应该达到的某种状态和水平,它包括期望的内容、标准(包括定量标准和定性标准)等。

通常情况下,客户经由两种方式来体验公司,其一是公司所提供的产品或服务,我们称之为"核心服务",另一个是公司如何提供这些产品或服务,我们称之为"客户服务"。产品或服务是一个载体,把客户和公司的情感联在了一起。客户的期望值就是通过载体来实现的,并通过满意度体现出来。客户期望值越高,产品或服务的提供者要尽可能地满足客户的需求,则所要付出的成本,也将会相应的增大。

2)影响客户期望值的因素

物流企业影响顾客的期望主要有四个方面的因素:

(1)物流服务的社会标准

货主会根据自己以往的经验和生活常识对物流服务产品或服务提出一些基本的要求,这些要求在不同的消费者之间具有共性,在社会上具有普遍性,而且外力难以改变。例如,我们去邮局寄平信、挂号信及特快专递,不同的服务具有不同价格,人们对特快专递因为其价格高而有更高的要求。

(2)市场竞争

市场竞争是顾客期望在社会标准基础上提高变得"不切实际"的一个重要原因。经常物流企业并没有向顾客做出一项承诺,但客户却会要求我们这样做,那是因为对手已经这样做了,顾客很自然地期望我们做得像竞争对手一样好,否则他们就会很不满意,甚至流向竞争对手。例如,现在许多民营快递公司的资费远比邮局便宜,加上免费上门收货,使得许多铁杆邮局大客户就要求邮局降低费用,邮局不能满足其期望时,他们常常选择价格更便宜的民营公司。竞争所引起的顾客期望的提升经常会沉淀下来,变成客户的常识或经验,最终形成社会标准。

(3)物流企业自身承诺

物流企业为了扩大营销吸引客户,常常主动采取自身承诺。过多承诺通常是物流企业难以抵挡的诱惑,但说到容易做到难,物流企业往往会因此引起客户的不满而遭投诉,客户就是抓住物流企业的一些承诺而让物流企业处境被动。

(4)产品隐含的信息

物流企业提供的服务当中常常隐含一些其他的信息,货主根据自己的理解(甚至经常是误解),再结合自己的经验或常识,最终会对物流服务产生更多新的期望。例如,在日常生活中,送人一条价值100元的丝巾有时远比价值100元的衣服更让人高兴,同样,送人打火机所带来的满意远超过价值相等的皮包就是这种原因,产品本身暗含了更多的信息,抬高了对方的期望。

6.1.2 客户期望值的管理

1）客户期望值的管理

客户期望值的管理是指物流企业有目的、有计划地主动适应和影响客户期望值的过程，其目的是使客户的期望值维持在某一合适的状态。

根据客户关系管理（CRM）中的三角定律，客户满意度 = 客户体验 - 客户期望值。客户期望值与客户满意度成相对反比，因此需要引导客户期望值并维持在一个适当的水平，同时客户期望值需要与客户体验协调一致。

加强客户期望值管理的出发点是分析客户期望的主要决定因素，包括：口碑、品牌推广、客户价值与客户背景、环境与客户生命周期、原有体验以及其他相关体验等方面。这就要求深入进行客户洞察，尤其是面向大众市场的物流企业，更需要在特征和需求各异的客户中进行分群，并重点关注两个关键点：考虑适当的服务差异化并识别目标客户（而不是将所有客户视为同样重要）；锁定目标客户的核心诉求点（而不是将所有需求视为同样重要）。

2）客户期望值管理实施要点

物流企业要有效地进行客户期望值管理，应该注意以下实施要点：

（1）对客户坦诚相告

目前很多物流公司制定了种种服务内容，以及对员工的工作要求和考核标准，但是对客户的宣传却明显不够。因而，客户对自己应得到哪些服务，哪些服务是超值的知之甚少。客户对服务质量的评价只能是一种模糊的认识，并没有统一的衡量标准，导致客户实际感知的服务与期望值之间存在差距，而这种差距往往造成客户满意度的下降。

因此，物流企业应该针对所认知的客户需求和自己所能够提供的产品和服务状况，对客户客观地描述自己的产品和未来的发展前景，使他们能够清晰地了解到自己所能得到的价值。要坦诚的告知客户哪些期望能够得到满足，哪些期望不能得到满足。

（2）要客观评价物流服务产品

一些物流企业为了扩大销售，营造良好的物流企业形象，常常喜欢夸大自己的技术、资金、人力资源、设备的实力，借此提高自己的身价。尤其是在一些推广活动中，更是夸大物流服务的能效，人为地制造客户的高期望值。这种接近欺骗的手段，在一定程度上伤害了客户的信任度，虚假地拉升了客户的期望值。

当客户接受了物流公司的服务产品后,如果发现没有购买到自己期望的产品,尤其是这种期望物流企业已经承诺可以达成时,客户往往会把一切责任都归结为物流企业本身。此时,客户的满意度会大幅度下降,如果物流企业不进行紧急行动——危机公关,挽救形象,那么,物流企业的产品在该部分地区的销售将受到严峻的考验。

（3）与客户有效沟通

在向客户提供产品或服务时,一定要与客户进行有效的交流与沟通,以便全面了解客户的真实意图,切忌猜测客户心思,以致产生不必要的误解。有效的沟通是了解客户期望值的基础。物流企业员工不可贪图方便,减少与客户当面沟通的机会。

（4）严格执行标准

物流企业要在实际的操作过程中严格遵守自己制定的服务内容及标准,对客户的承诺一定要做到,否则只会是适得其反,使客户满意度大大降低。要有效地执行相关规定,首先要加强对业务技能的培训,通过强化学习来提高员工的责任感和服务水平。其次要坚持督查考核工作,通过建立的投诉热线以及走访客户对员工的业务水平、服务技能进行调查,对工作中存在的问题及时加以改进。第三,要跟踪了解客户期望值的变化。一成不变的服务,即使质量再好也难以满足客户的需求,这就需要不断创新,通过与客户的交流来掌握这些信息,用真情对待客户。当把客户刚刚想到的需求实现在他面前的时候,得到的不仅仅是客户的惊喜,更多的是客户的满意和信赖。在客户对产品满意度不高时,要主动提出解决办法,或给予其他辅助的补偿,设法提高客户的满意度。第四,要完善流程设计,使员工在各种情况下有相应流程指引,进行规范的流程操作,这样才能保证相关服务能有条不紊地高效进行。

（5）控制客户的期望值

在影响客户期望值的因素中,每一种因素的变化都会导致客户期望值的变化。由于受到某些因素的影响,例如:他人对客户的产品介绍,政府以及一些社会传媒的信息,但更主要的是来自物流企业的广告宣传,客户的期望值可能会出现一定程度的偏差。这种信息源的多样性,导致了客户期望值的不确定性。物流企业要适当地为客户调整期望值,达到双方认可的水平,这样才有可能达成"双赢"。

在控制客户期望值时,要赢得客户的谅解与支持,将彼此的关系调整到双方都能够接受的程度。

（6）争取客户认可与支持

进行物流服务产品的个性化设计时,物流企业要尽可能地征求客户意见,让客户对设计中的服务方案评头论足。在每一次会议或谈话后要重复会议精神和下一步工作,将下一步工作越具体化、形象化越好。长期合作的客户可能比较熟悉物流企业的构思和做法,沟通相对简单而有效。对一些新的或不是非常成熟的客户物流企业员工一定要将总结与交流做到最细致,以便有效的设定下一次沟通的期望值。

在与客户确定产品与服务的提供方案时,要对模糊或有歧义的地方进行确认,不要给以后的工作留下隐患。如果对部分内容或细节有所顾忌或无法确认稳妥,一定要指出来。因为一个产品或服务项目的进行是环环相扣的,断了一个环节,可能全盘皆输。所以对于备选方案的各个方面都要界定清楚,不能心存侥幸。如果物流企业答应了不应该答应的事,或者答应了无法做到的事,会在最终毁了项目的同时,也毁掉了物流企业在客户心目中的可信度。在方案探讨与交流过程中,物流企业与客户发生冲突是最大的失败。

(7)对客户的要求要谨慎

如果物流企业总是义务地承担额外的服务,那么客户就会习惯性地接受这一点,认为这本来就是自己应当接受的。一旦物流企业有一次未能"正确"完成这些额外的义务,等待物流企业的将是客户的不满。

所以在客户提出额外的要求时,物流企业要谨慎,但这并不是意味着"事不关己,高高挂起"。因为这样做换来的同样是客户的不满意。最好的做法就是明确物流企业的服务内容,清楚地向客户表明他的这些要求是额外的,然后在自己能力范围内帮助客户解决问题。对于物流企业无法做到的事,可以推荐资源给客户,可以努力同客户一起筹划来解决问题,让客户觉得物流企业是"有办法"和"负责任"的,而不只是局限在自私的小天地里。最后,物流企业要将客户的这些额外要求进行总结,通过广泛的调查进行可行性论证,为服务创新提供依据,不断完善相关内容。

此外,加强客户期望值管理还需要关注客户期望在不同客户生命周期阶段和不同情形下的不同表现,并重视对竞争对手(或可类比需求消费)的实时跟踪,从实际情况出发,做到知己知彼、灵活处理、扬长避短、有的放矢。

6.2　降低客户期望值

降低客户的期望值并非是降低服务质量,而是在努力提高服务质量前提下的一种营销策略和手段。

6.2.1　降低客户期望值的方法

公司要了解客户的期望值,了解客户期望值的产生和它的变化,了解客户的不同期望值有什么样的排序后,就应该去有效地设定客户的最有可能实现的比较现实的期望值。

(1)设定期望值

设定客户期望值就是要告诉我们的客户,哪些是他可以得到的,哪些是他根本无法得到的。最终一个目的就是为了能够跟客户达成协议,这个协议应该是建立在双赢的基础上。

如果我们为客户设定的期望值和客户所要求的期望值之间差距太大,就算运用再多的技巧,恐怕客户也不会接受,因为客户的期望值对客户自身来说是最重要的。因此,如果我们能有效地设定对客户来说最为重要的期望值,告诉客户什么是他可以得到的,什么是他根本不可能得到的,那么最终协议的达成就要容易得多了。

(2)降低期望值的方法

当我们无法去满足一位客户的期望值时,那就要努力去降低客户的期望值。

①通过提问了解客户的期望值。通过提问可以了解大量的客户信息,帮助服务代表准确地掌握客户的期望值中最为重要的期望值。

②对客户的期望值进行有效地排序。我们应该帮助客户认清哪些是最重要的。当然人与人之间的期望值是不一样的,这对公司来说也是一个挑战。

③当客户的某些期望值无法满足时,当你发现客户的某些要求你无法完全满足时,你只能去告诉客户,就是我能给你提供的使你比较满足的期望值对于你而言实际上是真正重要的,而我不能够满足那些期望值对你而言实质上是不重要的,这样客户才会有可能会放弃其他的期望值。

但是作为服务代表必须牢牢记住的是,当你不能满足客户的期望值时,你一定要说明理由,然后你要对客户的期望值表示理解。

④客户只有一个期望值却无法满足时。当客户只有一个要求却无法满足时,有以下几种应对技巧:

总之,满足不了客户期望值时,只能首先承认客户期望值的合理性,然后告诉客户为什么现在不能满足。

【小资料】

服务代表的自检

作为一名服务代表,肯定会遇到不能满足客户期望值的情况,你是如何处理的?针对以前的处理方式,你有何看法?将如何改进?如何处理、评价?如何改进并达成协议?

1. 确定客户接受的解决方案

达成协议就意味着你要确定客户是否接受你的解决方案,服务代表会把一种方案提出来,问客户,您看这样可以吗?这就叫做确定客户接受你的解决方案。

2. 达成协议并不意味着一定是最终方案

有的时候达成协议并不意味着就是最终的方案。在很多时候,服务代表所做的是一些搁置问题的工作,即问题很难解决,只能先放在一边搁置。例如有时,你确实无法满足客户的要求或者说在你的能力范围之内无法解决这个问题,这时你只能向客户表示,我很愿意帮助你,但是我的权力有限,我会把您的信息传达到相关的部门,然后他们会尽快地给您一个答复,您看行吗?这个服务就结束了。因此当时达成协议并不意味着就是最终方案。

3. 达成协议的方法

首先就是你需要建议一个承诺,就是您看这样可以吗?您能接受吗?建议一个承诺出来,如果同意就可以;如果不同意,就搁置一个需求,搁置一个问题,把这个问题放到下边去做,但最终的目的还是要获得客户一个承诺,就是他同意按照你们所商定的方式去进行。如果是这样,你才能觉得帮助客户的阶段就基本上可以结束了。

小案例

根据客户期望值提供解决方案

张先生要到广州出差,他去买飞机票。售票员卖给他飞机票时,发现张先生的期望值包括4点:

◆晚上6点钟之前到达广州——因为在广州有很多朋友等着他,晚上要给他接风吃饭;

◆希望机票打6折——因为他的公司只能够报销6折;

◆机型是大飞机——因为大的飞机会比较安全和舒适;

◆是南方航空公司的飞机——因为他觉得南航的飞机比较安全。

他的期望值列出来了,售票员就帮他查了一下,发现没有哪一次航班是能完全满足他的期望值的,最后就提供了4个方案供他选择:

方案一,南航的大飞机,晚上6点钟之前到,价格是原价;

方案二,国航的小飞机,价格是6折,也可以当天晚上6点之前到;

方案三,南航的大飞机,而且也是6折,可是时间是晚上11点到;

方案四,国航的大飞机,但是这架飞机是7折,能在晚上6点钟之前到。

假如张先生是一位非常注重信誉的人,跟朋友约好了晚上吃饭,就不能让朋友等着。那么他就不可能选择南航的晚班11点到的飞机。他知道那架南航晚班飞机是最好的,飞机是大机型,又有6折的票,唯一不能满足的是时间晚一点儿,这个方案如果你推荐给他,他就不能接受,因为他认为朋友的聚会是第一位的。这时候他会去选择其他三种方案,这还要看他的第二个期望值是什么。

如果他认为价格是第二重要的,那么南航的原价就被排除掉了,国航的7折的票价也被排除掉了。剩下的选择就只能选择国航的小飞机,这班飞机既是6折,又能够在晚上6点到,不过这班不是大飞机,同时也不是南航的,但是如果他个人认为价格是排第二位的,他就会选择这种方式。

如果他是把时间排在第一位,安全和舒适排在第二位和第三位,价格无所谓,那么他最有可能接受的就会是南航的原价的机票。

但如果这位客户是把价格排第一位的,钱是最重要的,把朋友排在第四位的,那么最佳的方案就是南航的晚班飞机,既是大飞机,又便宜,就晚点到,让朋友就等着吧,晚餐改消夜就可以了。

6.3 客户投诉处理

让客户满意是处理客户投诉的最终目的,物流企业不仅要化解客户投诉,使问题得到圆满解决,从而使客户满意,还要利用客户投诉,充分检讨与改善销售行为,将其转化为提升物流企业素质的良机。

6.3.1 物流企业客户投诉的原因

(1)业务人员操作失误

计费重量确认有误;货物包装破损;单据制作不合格;报关/报验出现失误;运输时间延误;结关单据未及时返回;舱位无法保障;运输过程中货物丢失或损坏等情况。

（2）销售人员操作失误

结算价格与所报价格有差别；与承诺的服务不符；对货物运输过程监控不利；与客户沟通不够,有意欺骗客户等。

（3）供方操作失误

运输过程中货物丢失或损坏；送（提）货时不能按客户要求操作；承运工具未按预定时间起飞（航）等。

（4）代理操作失误

对收货方的服务达不到对方要求,使收货方向发货方投诉而影响公司与发货方的合作关系等。

（5）客户自身失误

客户方的业务员自身操作失误,但为免于处罚而转嫁给货代公司；客户方的业务员有自己的物流渠道,由于上司的压力或指定货而被迫合作,但在合作中有意刁难等。

（6）不可抗力因素

天气、战争、罢工、事故等所造成的延误、损失等。

以上情况都会导致客户对公司的投诉,公司对客户投诉处理的不同结果,会使公司与客户的业务关系发生变化。

6.3.2　客户投诉处理流程

物流企业客户投诉处理流程如图6.1所示。

6.3.3　客户投诉处理技巧

1）虚心接受客户投诉,耐心倾听对方诉说

客户只有在利益受到损害时才会投诉,作为客服人员要专心倾听,并对客户表示理解,并作好记录。待客户叙述完后,复述其主要内容并征询客户意见,对于较小的投诉,自己能解决的应马上答复客户。对于当时无法解答的,要作出时间承诺。在处理过程中无论进展如何,到承诺的时间一定要给客户答复,直至问题解决。

2）设身处地,换位思考

当接到客户投诉时,首先要有换位思考的意识。如果是本方的失误,首先要代

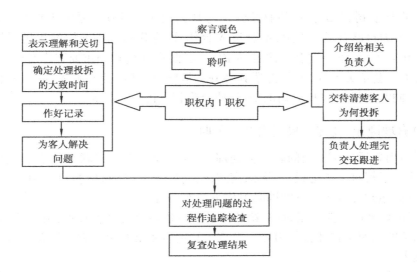

图6.1 客户投诉处理流程

表公司表示道歉,并站在客户的立场上为其设计解决方案。对问题的解决,也许有三到四套解决方案,可将自己认为最佳的一套方案提供给客户,如果客户提出异议,可再换另一套,待客户确认后再实施。当问题解决后,至少还要有一到二次征求客户对该问题的处理意见,争取下一次的合作机会。

例如,某货运公司的 A,B 两名销售人员分别有一票 FOB 条款的货物,均配载在 D 轮从青岛经釜山转船前往纽约的航次上。开船后第二天,D 轮在釜山港与另一艘船相撞,造成部分货物损失。接到船东的通知后,两位销售人员的解决方法如下:

A 销售员:马上向客户催收运杂费,收到费用后才告诉客户有关船损一事。

B 销售员:马上通知客户事故情况并询问该票货物是否已投保,积极协调承运人查询货物是否受损并及时向客户反馈。待问题解决后才向客户收费。

结果 A 的客户货物最终没有损失,但在知道真相后,对 A 及其公司表示不满并终止合作。B 的客户事后给该公司写来了感谢信,并扩大了双方的合作范围。

3)承受压力,用心去做

当客户的利益受到损失时,着急是不可避免的,以至于会有一些过分的要求。作为客服人员此时应能承受压力,面对客户始终面带微笑,并用专业的知识、积极的态度解决问题。

例如,某货运公司接到国外代理指示,有一票货物从国内出口到澳洲,发货人是国内的 H 公司,货运公司的业务员 A 与 H 公司业务员 D 联系定舱并上门取报关单据,D 因为自己有运输渠道,不愿与 A 合作,而操作过程中又因航班延误等原因 D 对 A 出言不逊,不予配合。此时,A 冷静处理,将 H 公司当重要客户对待。此后,D 丢失了一套结关单据,A 尽力帮其补齐。最终,A 以自己的服务、能力赢得了 D 的信任,同时也得到了 H 公司的信任,使合作领域进一步扩大。

4)有理谦让,处理结果超出客户预期

纠纷出现后要用积极的态度去处理,不应回避。在客户联系你之前先与客户沟通,让他了解每一步进程,争取圆满解决并使最终结果超出客户的预期,让客户满意,从而达到在解决投诉的同时抓住下一次商机。

例如,C 公司承揽一票 30 标箱的海运出口货物由青岛去日本,由于轮船暴舱,在不知情的情况下被船公司甩舱。发货人知道后要求 C 公司赔偿因延误运输而产生的损失。

C 公司首先向客户道歉,然后与船公司交涉,经过努力船公司同意该票货物改装 3 天后的班轮,考虑到客户损失将运费按八折收取。C 公司经理还邀请船公司业务经理一起到客户处道歉,并将结果告诉客户,最终得到谅解。结果该纠纷圆满解决,货主方经理非常高兴,并表示:"你们在处理纠纷的同时,进行了一次非常成功的营销活动。"

5)长期合作,力争双赢

在处理投诉和纠纷的时候,一定要将长期合作、共赢、共存作为一个前提,以下技巧值得借鉴:
①学会识别、分析问题;
②要有宽阔的胸怀、敏捷的思维及超前的意识;
③善于引导客户,共同寻求解决问题的方法;
④具备本行业丰富的专业知识,随时为客户提供咨询;
⑤具备财务核算意识,始终以财务的杠杆来协调收放的力度;
⑥有换位思考的意识,勇于承担自己的责任;
⑦处理问题时留有回旋的余地,任何时候都不要将自己置于险境;
⑧处理问题的同时,要学会把握商机。通过与对方的合作达到双方共同规避风险的共赢目的。

此外,客服人员应明白自己的职责,首先解决客户最想解决的问题,努力提升在客户心目中的地位及信任度,通过专业知识的正确运用和对公司政策在不同情况下的准确应用,最终达到客户与公司都满意的效果。

【做一做】

一、经典案例阅读

德士高的忠诚"俱乐部卡"

德士高超市连锁集团的"俱乐部卡"被很多海外媒体誉为"最善于使用客户数据库忠诚计划"和"最具价值的忠诚计划"。该集团在 1995 年开始实施客户忠诚计划——"俱乐部卡"之后,企业的市场份额从 1995 年的 16% 上升到了 2003 年的 27%,成为英国最大的连锁超市集团。在英国,有 35% 的家庭加入了"俱乐部卡",注册会员达到了 1 300 多万。德士高"俱乐部卡"的设计者之一,伦敦 Dunnhumby 市场咨询公司主席 Clive Humby 在 2003 年非常骄傲地说:"俱乐部卡的大部分会员都是在忠诚计划推出伊始就成为我们的忠诚客户,并且从一而终,他们已经和我们保持了 9 年的关系。"

"德士高"≠"折扣卡"

德士高的"俱乐部卡"的积分规则十分简单直接并且方便实惠。客户可以从他们在德士高消费的数额中得到 1% 的奖励,每隔一段时间,德士高就会将客户累计到的资金换成"消费代金券",邮寄到消费者家中。这种方便实惠的积分方法吸引了许多消费者的兴趣。因此,"俱乐部卡"推出的头 6 个月,在没有任何广告宣传的情况下,德士高就取得了 17% 左右的"客户自发使用率"。除了积分返利之外,德士高还通过客户在付款时出示"俱乐部卡",掌握了大量翔实的客户购买习惯数据,了解了每个客户每次采购的总量,主要偏爱哪类产品,产品使用的频率等。Clive Humby 说:"我敢说,德士高拥有英国最好、最准确的消费者数据库。我们知道有多少英国家庭每个星期花 12 英镑买水果,知道哪个家庭喜欢香蕉,哪个家庭爱吃菠萝。"通过软件分析,德士高将这些客户划分成了十几个不同的"利基俱乐部(Niche-Club)",并且为这十几个俱乐部作了不同版本的"俱乐部卡杂志",刊登最吸引他们的促销信息和其他一些他们关注的话题。一些本地的德士高连锁店甚至还在当地为不同俱乐部的成员组织了各种活动。现在,"利基俱乐部"已经成为了一个个社区,大大提高了客户的情感转移成本(其中包括个人情感和品牌情感),成为德士高有效的竞争壁垒。

有效的成本控制

要维持一个拥有 1 000 万会员的俱乐部,进行现金返还活动,还要为不同"利基俱乐部"成员提供量身定做的促销活动,这其中的日常管理和营销费用非常庞大。但在德士高,它利用自己一整套独特的成本控制方法成功做到了这一切。

首先,德士高几乎从来不使用费用高昂的电视等大众媒介来推广"俱乐部卡",而是通过直接给客户寄信来传达信息以引起消费者的注意。并且,很多消费者认为,定期收到一些大公司的沟通信件,让他们有抬高了社会地位的感觉。在英国这个有限的市场里,德士高的市场目标不可能是赢得更多的消费者,而是怎样增加单个消费者的价值,所以直接和消费者建立联系,既便宜又有效。

其次,"利基俱乐部"在进行"获得新客户"的活动时,往往会选择一两本这些细分市场经常阅读的杂志,然后花很低的广告费,在杂志中夹带"利基俱乐部"的促销信件。

最后,为了更好地控制成本,德士高还经常和供应商联手促销,作为返还给消费者的奖励,把维系忠诚计划的成本转移到了供应商身上。

二、案例评析

本案例告诉我们,谁能有效地增加消费者的价值,管理好消费者的满意度,谁就能在激烈的市场竞争中赢得胜利。

想一想:

1. 本案例中德士高是怎样通过收集客户购买偏好,提供个性化服务,从而提高客户满意度的?

2. "利基俱乐部"如何推销俱乐部卡的?"利基俱乐部"独特的"推销术"带给我们什么启示?

三、实训活动

◎ 内容
职业学校学生流失原因调查。

◎ 目的
调查职业学校"经营"的理念,通过观察找出职校教学活动中存在的问题。

◎ 人员
①实训指导:任课老师;
②实训编组:学生按8~10人分成若干组,每组选组长及记录员各一人。

◎ 时间
4周。

◎ 步骤

①由教师提供以往五届各班流失学生名单及联系方式。

②将流失学生按专业分给不同小组。

③各小组拟定调查方案,设计调查表格。

④每组用2种以上方式与流失学生沟通,获取数据。

⑤撰写调查文档,并提出提高学生满意的途径。

⑥实训小结。

◎ 要求

认真完成本次实训,作好调查过程中的记录,将真实的数据提供给学校。

◎ 认识

本实训表面上看起来是给学校揭短,但认真去完成却能让学生与教师更深刻地理解客户满意的意义,及适当帮助客户降低期望值的重要性。

【任务回顾】

通过本任务的学习,使我们懂得服务代表在服务的过程中需要满足客户的期望值,但很多的期望值是你无法能满足的,这时你唯一能做的就是降低客户的期望值,在降低客户期望值时,首先你要告诉他,什么是他可以得到的,什么是他根本没有希望得到的,什么样的期望值对他来说才真正是最重要的,什么是可以放弃的,同时提供多种方案供他选择,并运用一定的技巧去设定他的期望值。最后和客户达成双方都能接受的协议,这是服务代表帮助客户在这个阶段达成协议的三大技巧。

【名词速查】

1.客户期望值

这是指客户认为物流企业提供的产品和服务应该达到的某种状态和水平,它包括期望的内容、标准(包括定量标准和定性标准)等。

2.客户期望值的管理

这是指物流企业有目的、有计划地主动适应和影响客户期望值的过程,其目的是使客户的期望值维持在某一合适的状态。

【任务检测】

一、单项选择题

1. 客户期望值包括(   )。

A. 期望的内容　　　B. 定量标准　　　C. 定性标准　　　D. ABC

2. (   )是指客户认为物流企业提供的产品和应该达到的某种状态和水平。

A. 客户期望值　　　B. 核心服务　　　C. 客户服务　　　D. 产品服务

3. 客户期望值就是通过载体来实现的,并通过(   )体现出来。

A. 产品　　　　　　B. 服务　　　　　C. 满意度　　　　D. 体验

4. (   )是指物流有目的、有计划地主动适应和影响客户期望值的过程,其目的是使客户的期望值维持在某一合适的状态。

A. 满意度　　　　　　　　　　　B. 客户期望值的管理

C. 客户服务　　　　　　　　　　D. 客户信息管理

二、多项选择题

1. 物流企业影响顾客的期望主要有(   )方面的因素。

A. 物流服务的社会标准　　　　　B. 市场竞争

C. 物流企业的自身承诺　　　　　D. 产品隐含的信息

2. 通常情况下,客户经由两种方式来体验公司,即(   )。

A. 核心服务　　　B. 客户服务　　　C. 产品服务　　　D. 规范服务

3. 降低期望值的方法有(   )。

A. 通过提问了解客户的期望值　　B. 对客户的期望值进行有效的排序

C. 当客户的某些期望值无法满足时　D. 客户只有一个期望值无法满足时

4. 下列属于业务人员操作失误的有(   )。

A. 单据制作不合格　　　　　　　B. 报送出现失误

C. 运输时间延误　　　　　　　　D. 舱位无法保障

三、判断题

1. (   )加强客户期望值管理的出发点是分析客户期望的主要决定因素。

2. (   )降低客户的期望值,就是降低服务质量。

3. (   )有效的沟通是了解客户期望值的基础。

4. (   )产品或服务是一个载体,把客户和公司的情感联在一起。

四、简答题

1. 物流企业要有效地进行客户期望值管理,应注意哪些实施要点?

2.物流企业客户投诉的原因有哪些?

3.投诉处理的技巧有哪些?

参考答案

一、单项选择题

1.D　　2.A　　3.C　　4.B

二、多项选择题

1.ABCD　　2.AB　　3.ABCD　　4.ABCD

三、判断题

1.√　　2.×　　3.√　　4.√

四、简答题

1.简述物流企业要有效地进行客户期望值管理,应注意哪些实施要点?

(1)对客户坦诚相告

(2)要客观评价物流服务产品

(3)与客户有效沟通

(4)严格执行标准

(5)控制客户的期望值

(6)争取客户认可与支付

(7)对客户的要求要谨慎

2.简述物流企业客户投诉的原因有哪些?

(1)业务人员操作失误

(2)销售人员操作失误

(3)供方操作失误

(4)代理操作失误

(5)客户自身失误

(6)不可抗力因素

3.简述投诉处理的技巧有哪些?

(1)虚心接受客户投诉,耐心倾听对方的诉说

(2)设身处地,换位思考

(3)承受压力,用心去做

(4)有理谦让,处理结果超过客户预期

(5)长期合作,力争双赢

任务 7
理解企业文化

教学要求

1. 理解企业文化的含义；
2. 了解企业文化的一般特征；
3. 清楚企业文化的层次结构；
4. 了解员工手册与物流企业客户服务战略的关系；
5. 清楚物流企业客户服务战略的基本类型；
6. 理解物流企业客户服务战略环境分析的方法；
7. 描述物流企业客户服务战略制定的基本步骤。

学时建议

知识性学习：5 课时
案例学习讨论：3 课时
现场观察学习：2 课时(业余自主学习)

【导学语】

你知道什么是企业文化吗？企业文化与客户服务有什么关系？

企业文化是不是就是员工早上一块儿唱歌、开文艺晚会？

企业文化与企业管理制度有没有关系呀？

卷首案例

海尔管理三部曲助海尔腾飞

海尔是中国现代企业优秀代表，海尔成功不是靠一两个管理秘诀搞管理，而是靠"管理制度与企业文化紧密结合"构成的管理体系。其具体模式是"提出理念与价值观；推出代表理念与价值观的典型人物与事件；在理念与价值观指导下，制定保证这种人物与事件不断涌现的制度与机制"。这一运行模式称为"海尔管理三部曲"。

1. "零缺陷"提升质量品质

海尔在转产电冰箱时，面临严峻的市场形式，靠什么在市场上争得一席之地呢？海尔提出了自己的质量理念："有缺陷的产品就是废品"，对产品质量实行"零缺陷，精细化"管理，努力做到用户使用的"零抱怨零起诉"……

经过理念的提出、"砸冰箱"事件讨论、构造"零缺陷"管理机制等三部曲，使海尔的产品、服务、内部各项工作都有了更高的质量。

2. 市场创新——创造需求，引导消费

面对竞争激烈的家电产品市场，海尔提出市场创新理念："创造需求，引导消费"、"自己做个蛋糕自己吃"、"只有疲软的产品，没有疲软的市场"、"只有淡季思想，没有淡季市场"、"顾客的难题就是开发的课题"……

通过"削土豆皮洗衣机"，"小小神童洗衣机"，"彩色冰箱"，适应西部开发的"沙漠型空调器"，适应恶劣环境需要的"耐热"、"耐冷"空调器等一系列新产品开发与热销，"创造需求，引导消费"、"自己做个蛋糕自己吃"等理念在海尔深入人心。

3.营销创新——真诚到永远

海尔绝对不允许出现让客户寒心的现象发生,海尔的营销理念:"顾客永远是对的","先卖信誉、后卖产品","真诚到永远"……

海尔在营销管理中常常通过具体事例来教育员工,深化企业文化,并将文化理念深入人心。为使用户方便阅读产品说明书,海尔挑选最优秀的技术人员,编写出初中文化程度就能看懂的产品说明书,投放市场,极大地消除了客户投诉,提高了美誉度,进而建立起服务追踪体系。海尔严格规定了各种工作规范与服务标准,并建立了严格的考核与反馈体系。已经接受企业理念的人会自觉提供高质量的服务,对企业理念还不完全理解的人,则因为有了这样的规范与考核追踪体系而提高服务质量。在执行规范的过程中,企业理念被内化、接受下来。

总之,海尔的文化对企业管理和发展起了重要作用。企业文化作为一种亚文化也必然要规范员工的行为。它可以用共同的价值标准培养企业意识、统一员工思想、改善人际关系、增强企业的内聚力、激发员工的创造力,也有助于提高企业声誉、树立品牌形象。

想一想:

1.通过以上案例,你认为企业文化对海尔的成长有哪些重要作用?

2.一般我们认为企业文化就是喊喊口号,贴贴标语,你从海尔集团的企业文化中又得到了什么启示?

从海尔的发展中,我们可以清楚地看到:企业文化的建设要经历一个漫长的过程,而不是一朝一夕的事情,它需要一批批、一代代的企业家和员工在经营企业的过程中去营造、培养和发展。通过本任务学习与实践,使我们对企业文化的含义、层次、构成及物流企业客户服务战略的类型和制定方法进行充分了解。

【学一学】

7.1 企业文化

企业文化是企业的灵魂,是推动企业发展的不竭动力,其核心是企业的精神和价值观。因此,有文化的企业不一定都成功,但没有文化的企业一定不会成功。

7.1.1 企业文化

1)企业文化

从广义上讲企业文化是指企业所创造的具有自身特点的物质文化和精神文

化;狭义的企业文化是企业所形成的具有自身个性的经营宗旨、价值观念和道德行为准则的综合。

2）企业文化的特征

企业文化具有隐形性、潜移性、稳定性、可塑性及继承性等特性:

（1）隐形性

企业文化虽有外显和内隐部分的分别,但它主要是意识形态,属于上层建筑范畴,并以价值观为内核,隐形在职工的心灵之中。厂风厂貌、物质产品等外部形态是企业职工的观念、追求、道德准则等精神状态的具体表现。

（2）潜移性

企业文化作为一种意识形态,一种精神,它对职工行为的影响是潜移默化的。当一种正确的价值观被原来持有不同认识和追求的职工所接受,企业群体观念逐渐融为一体,它将会悄然无声地渗透到企业的各项工作和职工的各种活动中去。企业文化不像行政命令那样以外部的强制力量去左右人们的行为,而是"润物细无声"地作用于职工的心灵,指导着人们的行为。

（3）稳定性

企业文化一旦定型,即职工在理想、信念、追求等方面有了真正的共识,在人们的心灵中真正有了共同的信仰,那就会有很强的惯性,不会轻易改变,将在长时期内发挥作用。当然,企业文化的稳定性也并非决然不可改变,只是改变必须要花大的工夫,既要改变它赖以生存的客观条件,又要靠强大的精神力量去扭转。

（4）可塑性

企业文化不是企业天然就有的,而是在企业长期生产经营活动的实践中,通过企业领导者的大力倡导和示范,各级组织的共同努力,逐步塑造而成的。正是由于企业文化是可塑的,所以,企业在不同的社会制度、地区、民族环境中生存,在具有不同风格的领导者管理下活动,就会形成具有不同特色的企业文化。

（5）继承性

从纵向看企业文化可以继承过去文化中的各种因素,包括好的和不好的。因此,对于过去的企业文化要加以鉴别,去其糟粕,取其精华,使优秀的、健康的成分继续发扬光大。从横向看,企业文化虽有地域、民族、国别的差异,例如东西方文化各有自己的特点,但优秀的文化是人类共同的财富,是能够扩散的,对于吸收和借鉴国内外的先进企业文化,实质上也是一种继承。

7.1.2 企业文化的构成

企业文化由企业物质文化、制度文化及精神文化三个层次构成:

1)企业物质文化

企业物质文化是由企业员工创造的产品和各种物质设施等构成的器物文化,它是一种以物质为形态的表层企业文化,是企业行为文化和企业精神文化的显现和外化结晶。

①企业标志:如企业名称、企业象征物等,如图7.1所示。

图7.1 物流企业标志

②生产或服务:如生产制造出质量可靠、性能价格比高的商品或服务。

③工作环境或厂容:如办公环境、经营环境整洁、明亮、舒适。

④技术装备:如配置先进、适用的机器设备。

⑤后援服务:如为服务对象提供无微不至、主动、便利的服务。

⑥人才资源:如通过全程、终身培训使员工均达到行业社会优秀水平,人尽其才。

⑦福利待遇:如公司员工通过辛勤劳动获得行业和当地领先的工资、福利待遇。

2)企业制度文化

企业的制度文化是由企业的法律形态、组织形态和管理形态构成的外显文化。合理的制度必然会促进正确的企业经营观念和员工价值观念的形成,并使职工形成良好的行为习惯。

（1）企业目标

企业目标是以企业经营目标形式表达的一种企业观念形态的文化。

小案例

物流公司甲企业目标：实施现代科学物流发展战略，铸就集成功能型供应商品牌物流公司。

乙企业目标：

努力拼搏，打造中国一流物流企业。

（2）制度文化

制度是一种行为规范，是任何一个社会及组织团体正常运转所必不可少的因素之一。它是为了达到某种目的，维护某种秩序而人为制定的程序化、标准化的行为模式和运行方式。企业制度的基本功能如下：

①企业制度具有企业价值观导向的功能。

②企业制度是实现企业目标的保障。

③企业制度是调节企业内人际关系的基本准则。

④企业制度是组织企业生产经营、规范企业行为的基本程序和方法。

⑤企业制度是企业的基本存在和功能发挥的实际根据。

3）企业精神文化

企业精神文化，是企业在生产经营中形成的一种企业意识和文化观念，它是一种意识形态上的深层企业文化。

（1）企业哲学

企业哲学的根本问题是企业中人与物、人与经济规律的关系问题。

小知识

企业哲学

企业哲学是以企业家文化为主导的企业核心群体对于企业如何生存和发展的哲理性思维，它是一种人本哲学，是企业解决如何在外部生存以及企业内部如何共同生活的哲学，是企业对内外部的一种辩证式的哲学思考，这种哲学思考又决定了企业对于各种事物的偏好，所以企业文化是个性化的，这就是其根本原因所在。

（2）企业价值观

指导企业有意识、有目的地选择某种行为去实现物质产品和精神产品的满足的思想体系,就构成了企业的价值观。

【小资料】

公司管理原则

全球最大的战略管理咨询公司管理原则中有一条准则是"有一致认同的鲜明的公司个性,包括共同的价值观(提出异议的权利和义务)、共同的解决问题的方式和以行动为导向的理念"。这种价值意义包括了六点:

1.将客户的利益置于首位,把自我与工作分离。

2.始终如一而又思想开放。

3.以事实为根据,从一线出发解决问题。

4.从全局背景的角度和后续行动的角度来看待问题和决策。

5.激励并要求所有人拿出自己的最佳状态。

6.反复宣讲公司的价值观,确保每一个人都能理解、接受这些价值观并落实到行动上。

(3)企业精神

企业精神是现代意识与企业个性结合的一种群体意识。"现代意识"是现代社会意识、市场意识、质量意识、信念意识、效益意识、文明意识、道德意识等汇集而成的一种综合意识。"企业个性",包括企业的价值观念、发展目标、服务方针和经营特色等基本性质。

【阅读材料】

三十年海尔精神创造三次飞越

海尔从1984年创业至现在、全面搭建了全球本土化框架,正进入一个崭新的战略发展阶段——全球化品牌战略阶段。面对着全球化竞争的新方向,海尔将开始企业精神新一轮升级创新。

第一个十年 海尔精神:无私奉献 追求卓越。

第二个十年 海尔精神:敬业报国 追求卓越。1995年,在国内市场取得长足发展的海尔,开始聚焦国际市场。以当年海尔工业园落成为标志,海尔二次创业创国际名牌战略宣告启动。

第三个十年 海尔精神:创造资源 美誉全球。遍布全球的5万海内外海尔员工,海尔创世界顶级品牌的目标,都需要一种全球视野的共享价值。海尔新的企业精神——"创造资源 美誉全球"应运而生。

第一个十年,创业,创出中国第一名牌;第二个十年,创新,走出国门,创国际化企业;第三个十年,创造资源,实施全球化品牌战略。海尔企业精神的创新之路,就是海尔的品牌之路。

(4)企业道德

企业道德是指在企业这一特定的社会经济组织中,依靠社会舆论、传统习惯和内心信念来维持的,以善恶评价为标准的道德原则、道德规范和道德活动的综合。

企业道德是调整企业之间、员工之间关系的行为规范的总和。企业道德的一般本质是一种企业意识,而其特殊本质则表现在它区别于其他企业意识的内在特质上。

7.2 物流企业客户服务战略

客户服务是一种无形产品,如何通过优质服务使无形产品有形化;如何设计最佳的客户服务管理体系;在令客户满意的前提下,如何有效地管理客户的期望值;面对激烈的客户投诉,怎样最高限度的获取客户的满意与谅解;客户服务质量监控与改进的有效管理工具有哪些;如何有效地衡量企业客户服务的满意度;客户服务是物流客户管理的重要内容,良好的客户服务是发展和保持客户忠诚和持久的关键,也是物流企业得以发展壮大的重要因素,而制定合理的客户服务战略是取得良好客户服务的首要条件。

7.2.1 物流客户服务战略

1)物流客户服务战略

物流客户服务战略是物流企业一项长远的、宏观的管理工作,是物流企业通过对内部、外部环境的分析研究制定的物流客户服务的总体和长远的规划,是物流企业为寻求维持长久的竞争优势,降低成本获得客户的长期合作,赢得最大的客户价值,增加企业利益的重要手段,具有全局、重要、长期的可持续性发展的重要意义。分析这一概念有三层含义:

①从目的上讲物流客户服务战略是为了维护企业长期的竞争优势,以保持企业可持续发展。

②从手段上讲物流客户服务战略主要通过为客户提供更好的供应链服务,降低客户经营成本来获得客户长期、持久的合作。

③从性质上讲物流客户服务战略具有全局性、重要性和长期性,关系到企业生

死存亡。

2) 物流客户服务战略的重要作用

物流客户服务战略在企业物流战略中的地位如图7.2物流战略的主要构成所示。现代物流的最早革新不在于内容的拓展,而在于物流客户服务战略理念的确立以及物流运作方式的变化。受市场规模和经营范围扩大等因素的影响,实现企业依靠自身组织物流活动变得不经济,越来越多的企业倾向于将物流活动交给独立的物流服务企业。企业的物流功能在外化。物流由"活动"转变为"服务",成为商品。物流企业提供给各种企业的是物流服务,而绝不仅仅是单独企业内部的物流活动。从某种意义上说,"服务"是物流的性质,而一流的客户服务已成为高水平物流服务企业的标志。客户服务战略不仅决定了原有的客户是否会继续维持下去,而且也决定了有多少潜在客户会成为现实的客户。

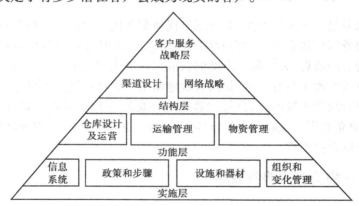

图7.2　物流战略的主要构成

7.2.2　物流客户服务战略分析

物流客户服务战略分析是指根据客户的特征和物流企业内部条件,充分考虑客户服务活动的外部环境,确定客户服务目标,了解客户服务所处的环境和相对竞争地位,选择适合企业的客户服务战略类型。

(1)物流客户服务战略分析的内容

①确立明确的服务理念,即确定服务的客户市场和提供什么样的服务。

②分析细分客户市场的现实和潜在需求,如客户对价格、服务范围和方式、延伸服务以及最关注的服务等。

③分析企业的核心竞争力和竞争者情况,如本企业长期形成的最具特色的竞

争优势、竞争对手的业务量、服务方式和价格等,做到知己知彼,有助于采取适当的服务战略。

④分析企业的内外部环境,如企业内部的物流人力、物力、财力资源、物流技术及设备、物流策略、客户形象、企业外部的机会与威胁等。

通过以上分析,使企业可以客观、准确、全面地考虑基本的服务策略和长远的服务战略,更好地把握未来市场。

(2)制定客户服务战略应考虑的因素

企业要想在激烈的竞争中获胜,就必须建立一套具有高瞻性的客户服务战略。企业的客户服务战略包括与客户服务有关的一系列内容,如:人员配置、工作流程、客户群体、服务规章等。在制定客户服务战略时,企业必须先进行准确的定位,为此物流企业应考虑以下因素:

①宏观经济环境。即物流企业发展所处的经济大环境。

②企业自身实力。一套合理的客户服务战略必须适应企业的人力、物力、财力和经营管理水平。

③服务内容差异。每个物流企业的客户服务内容即使在同行业间也会有所不同。为了提高竞争力,企业应努力采用特色服务,依靠差异化的服务内容来争取客户。因此,企业应当根据客户的需要,积极开展有自身特色的客户服务。

④市场需求特点。不同的市场,其需求会呈现出不同的特点。针对这些特点提供相应的服务,企业才具有长久的生命力。因此,企业制定的服务制度中应当有明确的时间限制。

⑤企业的支持。服务制度不仅仅是实际执行人员行为的标准,还是确保这些行为得以实现的措施、系统和过程。除了在一线工作的员工外,企业中的其他人力资源即承担后勤职能、信息传输职能、管理职能的员工,必须为一线的活动提供必要的支持。同时,还要有管理层的重视和大力支持。只有这样,才能确保服务制度的顺利实施。

7.2.3　物流客户服务战略的制定

物流客户服务战略的制定是企业经营管理活动中一项十分重要的职能,它通过影响物流绩效影响客户满意度。

1)客户服务战略的类型

客户服务战略是指物流企业为了适应未来环境的变化,提高客户满意度,寻找长期生存和稳定发展的途径,并为实现这一途径优化配置企业资源,制定的总体性

和长远性的服务战略。客户服务战略的类型多种多样,主要有以下几种:

（1）加强战略

加强战略,即在消费者心目中加强自己现在形象的战略。如 1956 计算机巨人国际商用计算机公司 IBM 引进 CI 构想之时。IBM 公司通过 CI 设计完善 IBM 在公众中的形象,最终使其成为世界上最大的咨询公司,被称为"蓝色的巨人",也曾被称为美国获利最高的公司;上海中国铅笔厂的"中华"牌铅笔告诉消费者"木质细腻,易于卷削,书写流利"等,在不同程度上加强了自己在消费者心目中的形象。

（2）空缺战略

空缺战略,即寻找为许多消费者所重视的,但尚未被占领的细分市场。例如,据资料分析,国人现在已逐步树立了"营养早餐"的概念,都市中越来越多的上班族对既卫生又有营养的早餐有很大的需求。而真正符合这种条件的早餐网点,前几年还存有很大的空缺。由此可见,早餐市场具有非常大的潜力。因此,前几年肯德基餐厅开始"杀入"中国早餐市场,这是肯德基在麦当劳出售早点之后一个抢占空缺市场的重要策略。

（3）比较战略

比较战略,即通过与竞争服务的客观比较,来确定自己的市场地位的一种战略。运用比较定位策略时一定要客观、公正,否则就会给消费者留下一个言过其实的印象,有时会成为一种诋毁行为,引起法律纠纷。因此运用时一定要慎重。

（4）首席战略

首席战略,即追求服务成为本行业中的领导者的市场地位。常有的有市场占有率第一,销售量第一等。在信息爆炸的社会里,广告充斥,消费者会筛选掉大部分信息。据调查,一般消费者中能回想起同类产品中的 7 个服务产品。而名列第二的服务产品的销售量往往只是名列第一的服务产品的一半,名列第三的服务产品的销售量往往是名列第二的服务产品的销售量的一半,名列第一的服务产品的知名度最高。

（5）高级俱乐部战略

高级俱乐部战略,即强调自己是某个具有良好声誉的小集团的成员之一。企业如果不能取得第一位和某种独特的属性,采取这种战略不失为一种良策。例如:美国克莱斯勒汽车公司宣布自己是美国"三大汽车公司之一",使消费者感到克莱斯勒和第一、第二一样都是知名轿车了,从而缩小了三大汽车公司之间的距离,和"七喜非可乐"一样收到了意想不到的效果。当然,市场上名列第一的企业是不会用这种战略的。

2）物流客户服务战略制定的步骤

科学合理地制定物流服务战略主要有以下几下步骤：

（1）确定物流服务的要素

一般来讲，明确备货、接受订货的截止时间、进货期、订货单位等要素是物流服务战略策划的第一步。只有清晰把握这些物流服务的要素，才能使以后的决策顺利进行，并加以控制。

（2）收集有关物流服务的信息

制定物流战略需要收集的信息主要包括客户对物流服务重要性的认识、客户的满意度以及与竞争企业的物流服务相比是否具有优势等。

（3）整理物流服务信息

对因企业收集而形成的信息，要进行筛选、分类、归集，以供企业定向地选择使用。

（4）划分客户群

由于客户需求受到客户思维方式、行动模式以及地区差异等多种因素影响，因此以什么样的特性为基础来区分客户群成为制定物流服务战略的重要问题。同时，在划分客户群的过程中，应当充分考虑不同客户对企业的贡献以及客户的潜在能力。

（5）制定物流服务组合

在对客户群进行划分后，首先要做的就是针对不同的客户群制定相应的物流服务基本方针，确保将企业资源优先配置给重点群。此后，在对企业物流服务水平预算分析和对主要竞争对手的服务水平分析的基础上为不同的客户群制定相应物流服务组合。

物流服务战略的制定是一项系统工作，应当按照上述步骤综合考虑企业外部和内部的影响因素有序进行，只有这样，才能使制定的战略成为企业朝正确方向前进的有力保障。

7.3　员工手册识读

"员工手册"是企业规章制度、企业文化与企业战略的浓缩，是企业内部的"法律法规"，同时还起到了展示企业形象、传播企业文化的作用。它既覆盖了企业人力资源管理的各个方面规章制度的主要内容，又因适应企业独特个性的经营发展需要而弥补了规章制度制定上的一些疏漏。站在企业的角度，合法的"员工手册"

可以成为企业有效管理的"武器";站在劳动者的角度,它是员工了解企业形象、认同企业文化的渠道,也是自己工作规范、行为规范的指南。制定合法的"员工手册"是法律赋予企业的权利,也是企业在管理上的必需,更是为客户提供满意服务的基本保证。

作为一名企业的员工从第一天上班起就应该认真阅读员工手册。具体阅读时应该注意以下几点:

首先,要确定员工手册的合法性,员工手册必须是以企业名义颁发,而不是企业的某个部门。同时,该手册的制定程序合法,即必须经过一定的民主程序讨论通过。

其次,内容必须合法,即员工手册内容必须符合现行国家法律、行政法规、规章及政策规定。

第三,重视企业的经营方针与理念。

第四,企业对员工的基本要求要熟记于心。

第五,重点阅读安全制度及作业规范。

【做一做】

一、案例阅读

××物流有限公司员工手册

1.手册说明

制定依据:

①本手册根据国家颁布的有关法律、法规而制定。

②本手册充分考虑了本公司目前的经营与管理特点。

③本手册将根据国家政策、公司情况的变化发展而进行不定期修改和更新。

政策指导及举报:

员工可通过电话、电子邮件或写信向人力资源部举报违反规章制度的行为。人力资源部对所报告的事件应严格保密。

电话:×××××××××;电子邮箱:××××

其他说明:

随着公司的发展及国家对相关政策的调整,人力资源部将对本手册随时进行修改和补充新的内容,并及时通知到每位员工。员工在离开公司时,应至人力资源部归还本手册。

　　××物流有限公司企业精神

　　经营理念:创造客户　满足需要

　　经营方针:打造中集品牌

2.目录

3.正文

　　第一章　总则

　　第一条　为建立公司管理良好秩序,增强职工遵守纪律的自觉性,提高工作效率,严肃劳动管理各项规章制度,更有效地发挥职工的工作积极性,把公司办成具有国际竞争力的现代化企业。依照中华人民共和国有关劳动法和政策,以及公司的章程,特制定本规则。

　　第二条　本规则适用于在公司工作的全部正式职工、见习职工、临时职工。

　　第二章　对职工的基本要求

　　第三条　义务

　　①必须严格贯彻执行公司的经营方针,严格遵守各项规章制度及本规则的要求。无条件地执行公司作出的决议,服从所属部门的工作安排和指令。

　　②自觉努力工作,认真完成自己所负担的工作任务。不断学习,逐步提高个人的专业技术水平和业务工作能力,尽职尽责做好本职工作。

　　③提倡上级关心下级、互相尊重的工作作风,在工作中,上级对下级要给予亲切的指导,带头做好本职工作。

　　第四条　职工守则

　　①热爱本职工作,遵守职业道德,尽职尽责;

　　②热爱公司,自觉参加公司管理,维护公司的声誉,保守公司的秘密;

③服从领导,听从指挥,严守纪律;

④互相尊重,讲究礼貌,维护集体团结,增强合作意识;

⑤加强内部协作,互通信息,任何人不得借工作之便将公司资源占为己有;

⑥讲究社会公德,爱护公物,注意个人卫生和工作环境卫生;

⑦遵纪守法,严禁有碍社会公德或者他人名誉的行为;

⑧为人诚实,不隐瞒、谎造本人经历,不掩饰工作上的过失和错误,有错必改;

⑨不滥用职权或越权专断,如遇紧急情况,要作妥善处理,事后迅速报告领导;

⑩不准利用职权或工作之便索贿受贿,谋求其他不正当的利益;

⑪未经公司允许,不得在其他单位就职、兼职或自己从事经营。

第五条　工作纪律

职工应该遵守以下各项工作纪律:

①不得无故缺席、迟到、早退或者私自外出、会客等,有事需要提前向领导请假,经同意后方可休假;

②工作时间不得擅自离开岗位,不得有怠慢自己职责或玩忽职守等行为;

③未经所属领导批准,不得在工作时间内处理私事或做与工作无关的事情;

④当天工作必须当天完成,不允许对工作采取懒散、懈怠、马虎等态度;

⑤自觉保持工作环境的卫生整洁,每天工作结束要对办公区域进行打扫,收拾干净;

⑥工作区域不得妨碍他人工作,联系工作、客户要有礼貌,接听办公电话需说"您好",经常使用"您好"、"请"、"谢谢"、"对不起"等文明礼貌用语;

⑦严禁在办公区域赌博,不允许有无理取闹、谩骂、吵架、散布流言等行为;

⑧团结同事,尊重领导,礼貌谦让。

第六条　公司物品的管理

①公司一切办公设备及物品是为了方便工作而设置,不得挪为私用;

②合理使用办公用品和材料,注意节约;

③办公设备要制定专人负责和管理,发现问题及时汇报领导处理。

第三章　作息时间、假期、考勤

(略)

第四章　工资、福利

(略)

第五章　人事管理

第一节　职工的录用

第二十二条　用人办法

公司根据经营工作的需要,采用面向社会、学校公开招聘、择优录用的办法,公司原则上在高校录取应届毕业生应当是本科以上学历,凡被公司录用者须与公司签订劳动合同。

第二十三条　录用手续

分公司需要引进人员,须向公司人力资源部进行申报,未经公司人力资源部审批分公司擅自引进人员(包括聘用职工),公司将不予审批核发工资。凡经公司面试合格的人员,须经公司考核、审查,自行体检合格后,由人力资源部发出录用手续。

第二十四条　合同及职工身份

凡经社会招聘录用调入公司工作的职工一律实行聘用制。

第二十五条　正式职工、聘用职工

所有职工被公司招聘后,均需经3~6个月的试用期,试用期满后考核合格,报人力资源部审批后方可录用。

第二节　聘任和免职

第二十六条　聘任

公司的所有中层管理人员全部实行聘任制。其中:公司级领导由总部任命;分公司中层管理人员及经理助理由公司聘任;科长及副科长级由分公司聘任,报人力资源部审批。

第二十七条　免职

公司中层及分公司科长副科长级,因工作不称职等原因,公司有权予以免职。

第二十八条　任免的管理

①公司聘免的人员,经公司领导集体讨论决定。

②中层管理人员被免职后,根据安排的工作岗位作为普通工人对待,实行同岗同酬管理。

第三节　教育培训

第二十九条　教育培训

公司员工的教育培训工作按照公司《职工教育培训的管理办法》执行。公司鼓励员工自学成才,学费可按照规定的比例在其部门报销。

公司实行每月最后一个周末星期六定期培训制度,在员工队伍中形成良好的学习氛围。

第四节　工作变动第三十条　工作岗位调动

①公司有权根据经营工作的需要或人事交流需要调动职工工作(工作岗位、职务、部门之间调动、派遣、派驻等);

②职工必须无条件服从公司的工作安排。如有特殊情况,可向人力资源部申明理由,但公司一经作出最后决定,职工必须无条件服从。

③为了保证各岗位工作的连续性,职工工作调动必须做好工作交接,未做好工作交接的人员不得调离或办理辞职。

④变动工作的职工必须在指定时间内到达新的岗位报到工作,否则按旷工处理。

第五节　长期病休(略)

第六节　辞职和辞退(略)

第七节　退休(略)

第六章　安全卫生

第三十六条　公司全体职工必须严格遵守安全、消防的规则。做好以下工作:

①加强公司内部保卫工作,预防治安灾害事故的发生,确保人身安全和财产安全。

②注意防火防盗,贵重物品责任到人。

③加强财务人员责任心,严格按财务规章办事。

④加强门卫的管理制度,做到来访和出门的登记制度。

⑤严格出入库房和重要设备设施的管理规定。

⑥实行休息日和重大节假日值班制度。

第三十七条　健康检查(略)

第七章　因工负伤、患病或死亡的待遇(略)

第九章　表彰、惩罚(略)

第十章　附则

第四十八条　本手册有关条款和公司规章制度一样,具有同等的效力。

第四十九条　本手册的制定、修改、增补、实行、废止由公司总经理办公会讨论决定。

第五十条　执行日期和解释权限

①本手册自2007年1月1日起执行,必须人手一册。本员工手册为公司的内部文件,并属公司财产,请注意保密。未经公司书面批准,不得复印。员工离职时必须将本手册交还公司。

②本手册解释权属公司人力资源部。

阅读思考:

1. 过阅读以上某物流公司员工手册,你认为员工手册包括哪几方面的内容?

2. 为何要制定员工手册? 它有何重要意义?

二、实训活动

◎ 内容

物流企业员工手册的相关调查。

◎ 目的

调查物流企业员工手册的制定情况,通过调查,了解同学们识读员工手册的能力。

◎ 人员

①实训指导:任课老师;

②实训编组:学生按 8 ~ 10 人分成若干组,每组选组长及记录员各一人。

◎ 时间

3 ~ 5 天。

◎ 步骤

①由教师在校内组织安全教育。

②与实训企业相关部门取得联系,并组织学生集体去该企业参观。

③邀请物流企业的相关负责人员向学生介绍企业员工手册的相关内容。

④分组查看企业员工手册的相关资料,并做好记录。

⑤组织同学们进行网络调查,分析讨论不同物流企业的员工手册有何异同。

⑥撰写调查文档。

⑦实训小结。

◎ 要求

利用业余时间,根据具体情况选择有一定代表性的物流企业,并走访该企业员工,调查其对公司员工手册的了解情况,或利用网络资源搜索不同物流企业的员工手册进行对比分析。

◎ 认识

作为未来物流企业员工,能识读物流企业员工手册,清楚员工的权利的义务,理解企业文化的内涵,对将来的工作是有很大帮助的。

【任务回顾】

通过对本章的学习,使我们基本掌握物流企业文化的含义、特征和基本构成,清楚了物流企业员工手册的相关内容,知道了物流企业客户服务战略的基本类型和制定方法。通过对物流企业的实训体验,了解物流企业制定员工手册的目的和重要性,掌握物流企业员工手册的基本方法,理解物流企业客户服务战略环境分析的方法。

【名词速查】

1. 企业文化

企业文化从广义上讲是指企业所创造的具有自身特点的物质文化和精神文化;狭义的企业文化是企业所形成的具有自身个性的经营宗旨、价值观念和道德行为准则的综合。

2. 企业制度文化

企业的制度文化是由企业的法律形态、组织形态和管理形态构成的外显文化。

3. 企业精神文化

企业精神文化,是企业在生产经营中形成的一种企业意识和文化观念,它是一种意识形态上的深层企业文化。

4. 企业道德

企业道德是指在企业这一特定的社会经济组织中,依靠社会舆论、传统习惯和内心信念来维持的,以善恶评价为标准的道德原则、道德规范和道德活动的综合。

5. 物流客户服务战略

物流客户服务战略,是物流企业一项长远的、宏观的管理工作,是物流企业通过对内部、外部环境的分析研究制定的物流客户服务的总体和长远的规划,是物流企业为寻求维持长久的竞争优势,降低成本获得客户的长期合作,赢得最大的客户价值,增加企业利益的重要手段,具有全局、重要、长期的可持续性发展的重要意义。

【任务检测】

一、单项选择题

1. "企业文化尽管有外显部分和内隐部分的分别,但它主要是意识形态,属于上层建筑范畴,并具以价值观为内核,因而隐形在存在于职工的心灵之中。"这句话主要是指企业文化特征的(　　)。

　　A. 隐形性　　　　B. 潜移性　　　　C. 稳定性　　　　D. 可塑性和继承性

2. 企业文化由三个层次构成,工作环境或厂容属于(　　)。

A. 企业精神文化　　　　　　　　B. 福利待遇

C. 企业制度文化　　　　　　　　D. 企业物质文化

3. 下列属于企业外部环境的是:(　　　)。

A. 企业的营销竞争力　　　　　　B. 企业的科技环境

C. 企业的研发竞争力　　　　　　D. 企业的理财竞争力

4. 下列哪项不属于SWOT分析法:(　　　)。

A. 优势　　　　B. 劣势　　　　C. 机会和威胁　　　　D. 环境

5. "七喜非可乐"属于哪种客户服务战略:(　　　)。

A. 空缺战略　　　B. 比较战略　　　C. 首席战略　　　D. 高级俱乐部战略

二、多项选择题

1. 下列哪些属于企业文化的特征(　　　)。

A. 隐形性　　　　B. 潜移性　　　　C. 强制性　　　　D. 可塑性和继承性

2. 企业制度文化包括(　　　)。

A. 企业目标　　　B. 制度文化　　　C. 企业哲学　　　D. 企业价值观

3. 物流客户服务战略分析的内容包括(　　　)。

A. 确立明确的服务理念

B. 分析细分客户市场的现实和潜在需求

C. 分析企业的核心竞争力和竞争者情况

D. 分析企业的内外部环境

4. 制定客户服务战略应考虑的因素有(　　　)。

A. 宏观经济环境　　　　　　　　B. 企业自身实力

C. 服务内容差异　　　　　　　　D. 市场需求特点

E. 企业的支持

5. 科学合理地制定物流服务战略的步骤是(　　　)。

A. 收集有关物流服务的信息

B. 物流市场研究与客户开发

C. 制定物流服务组合

D. 划分客户群

E. 整理物流服务信息

三、判断题

1. (　　　)企业员工手册只是企业内部规定,可以不遵守现行的法律法规。

2. (　　　)五种力量模型将大量不同的因素汇集在一个简便的模型中,以此分析一个行业的基本竞争态势。

3.（　）企业核心竞争力是指企业的营销竞争力、研发竞争力、理财竞争力、产品竞争力等。

4.（　）指导企业有意识、有目的地选择某种行为去实现物质产品和精神产品的满足的思想体系，就构成了企业哲学。

5.（　）物流客户服务战略决定物流战略方向。

四、思考题

1.进行物流服务绩效评价的评价标准有哪些？

2.物流服务绩效评价的主体有哪些？

3.请简述改进物流客户服务质量的途径。

参考答案

一、单项选择题

1. A　　2. D　　3. B　　4. D　　5. D

二、多项选择题

1. ABD　　2. AB　　3. ABCD　　4. ABCDE　　5. CAEDB

三、判断题

1. ×　　2. √　　3. ×　　4. ×　　5. √

四、思考题

1.企业物质文化的内容包括哪些？

（1）企业标志

（2）生产或服务

（3）工作环境或厂容

（4）技术装备

（5）后援服务

（6）人才资源

（7）福利待遇

2.波特五力分析模型的五力指哪五力？

五种力量模型确定了竞争的五种主要来源，即供应商和购买者的讨价还价能力，潜在进入者的威胁，替代品的威胁，以及最后一点，来自目前在同一行业的公司间的竞争。

3.客户服务战略的类型

（1）加强战略，即在消费者心目中加强自己现在形象的战略。

158

（2）空缺战略，即寻找为许多消费者所重视的，但尚未被占领的细分市场。

（3）比较战略，即通过与竞争服务的客观比较，来确定自己的市场地位的一种战略。

（4）首席战略，即追求服务成为本行业中的领导者的市场地位。常有的有市场占有率第一、销售量第一等。

（5）高级俱乐部战略，即强调自己是某个具有良好声誉的小集团的成员之一。

任务 8
理解客户服务指标

教学要求

1. 认识我国物流标准化的进程。

2. 理解物流标准化的原则。

3. 感悟物流客户服务绩效的评价。

4. 陈述物流客户服务质量标准分析。

5. 清楚物流客户服务质量体系。

学时建议

知识性学习：5 课时

案例学习讨论：3 课时

现场观察学习：2 课时（业余自主学习）

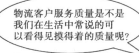

【导学语】

你知道什么是物流客户服务质量么？企业又是怎样衡量物流客户服务的质量的呢？

物流客户服务质量是不是我们在生活中常说的可以看得见摸得着的质量呢？

衣服有质量；食物有质量；可是什么才是物流客户服务的质量呢？

卷首案例

质量、创新、服务让奔驰汽车奔驰

德国"奔驰"汽车在国内外的买主中一直有良好的声誉。"奔驰"600型高级轿车虽然在生产了2 677辆之后停止了生产，但这种车已是世界上许多国家元首和知名人士的重要交通工具和接待用的专车。

在经济危机的年代，国际竞争日趋激烈，奔驰车确能"吉星高照"，在激烈的竞争中求得生存和发展，其根本原因之一在于德国"奔驰"注重整体产品观念以满足顾客的全面要求。

该公司从产品的构想、设计、研制、试验、生产直至维修都突出质量标准。使整车质量始终保持高的认知度。

奔驰汽车公司除了注重质量外，她还有一个具有销售与维修功能的完整而方便的服务网。该公司在国外的171个国家和地区奔驰公司设有3 800多个服务站。

奔驰车一般每行驶7 500公里需换机油一次，每行驶15 000公里需检修一次，这些服务项目都能在当天办妥。如果车子在途中意外发生故障，开车人只要向就近的维修站打个电话，维修站就会派人来修理或把车拉回去修理。维修人员技术熟练、态度热情、车辆检修速度非常快。

质量、创新、服务是奔驰公司的三大法宝。奔驰公司正是杰出地树立整体观念，才使自己成了世界汽车工业中的一颗明星。

通过上面的故事我们会发现让奔驰汽车能成为汽车行业的领头羊的关键在于

它不仅把握住了产品质量,还抓住了客户服务质量这个吸引客户的关键因素。那怎样才能提高客户的服务质量呢? 客户服务质量又是如何建立起来的呢? 让我们共同完成任务 8 学习与实践,相信能学到更多与客户服务标准和绩效有关的知识。

【学一学】

8.1 物流客户服务标准的确立

在激烈的市场竞争环境中,越来越多的物流公司开始发现,企业要想得以生存和发展就必须提高原有客户的忠诚度以及拓展市场开发新客户。如何做到这一点呢? 提高物流客户服务水平无疑是最为直接和有效的方法。因此企业必须先对物流客户服务水平进行确立,才能切实有效地开展物流客户服务活动。

8.1.1 确立物流客户服务标准的作用

1)向客户及员工传达企业的期望

清晰、简洁、直观、有效的服务标准,可以使每位员工清楚地了解企业对于客户服务的要求和期望。企业客户服务的宗旨就是向客户和员工传达一种企业的期望。往往企业客户服务做得不好的原因,就是因为员工不知道企业究竟需要他们为客户提供什么样的服务。客户服务的宗旨为他们指明了方向,告诉他们应该给予客户什么样的服务。同时,客户服务的标准也是给客户看的,这是因为企业一方面能够让客户了解企业对于客户的态度,另一方面使客户能够更清楚地了解企业提供的服务标准。

2)直观地衡量员工创造的价值

客户服务标准可以很直观地衡量企业内部员工创造的价值。优质的服务可以有效地吸引新客户、巩固老客户。同时,客户服务标准也为企业人力资源部门和管理人员为员工的业绩打分提供了参考标准。

3)激励物流企业从价格竞争转向服务竞争

现在的市面上关于产品的标准越来越多,物流企业往往会主动以此为参照来改变或调整自己的产品使其达到相关标准的要求,这将使各物流公司之间的产品差异越来越小。这种情况的出现对于消费者来说就意味着在产品性能及价格相差不大的前提下,服务等非价格因素反而可以起到至关重要的作用。高质量高层次的服务可以帮助企业增加客户的忠诚度、开拓新市场、增加新客户。

长期以来,我国公路运输领域存在着过度竞争、恶意压价、超限超载等严重问题,不仅损害公路、危及安全,也是现代物流发展的瓶颈,已成为一个突出的社会问题。现代物流的本质就是对各种物流功能进行合理的综合利用,为货主提供高效便捷的物流服务。物流企业可以通过制定物流服务标准来提高服务质量,创新服务项目,提升服务能力,以取得服务竞争优势,避免在价格层面上与运输企业的恶性竞争。

4)提高物流服务质量

物流服务具有生产与消费的同时性,也就是边发生边消费。因此客户对于服务过程的感觉,将会直接影响到他对物流整体活动的满意程度。例如,将货物从甲地运到乙地,目的地都是相同的,不管选用哪家物流公司,都会到达目的地,而一个物流公司的员工、技术、服务程序通常会与另一家物流公司有所不同。通过物流服务标准的建立,可以使物流企业管理者规范管理制度、统一技术标准和服务岗位工作项目、程序,向物流服务产品的消费者提供统一的、可追溯的和可检验的重复服务,并且降低企业员工培训的人力资源成本。物流企业可以此来建立自己的品牌优势,在竞争激烈的市场上赢得一席之地。

8.1.2 物流服务标准化的原则

由于物流服务特殊性,企业在制定物流服务标准时以考虑以下原则:

1)面向客户

标准的制定要面向客户需求。物流业属于现代服务业,主要为生产者提供服务。所以物流服务提供商要对客户的生产和营销体系先有一个较为有透彻的了解,然后在此基础上有针对性地为客户提供高效经济的物流解决方案,方便客户获得和使用物流服务,与客户共担风险和共享收益。

2)注重过程

物流标准的制定要面向服务过程。物流服务具有服务产品的一般特性,即无形性、不可储存性等特点。同时我们还应该注意到物流服务是边发生边消费的,因此对于服务质量的控制不可能同有形产品那样采用事后检验的办法,而必须实施对服务过程的监测和控制,起到防患于未然的作用。同时,客户通过查对由物流企业制定的服务标准,可以使客户清楚地了解消费过程中自己可以享受到的哪些服务,以此来消除他们对过程不确定性的担忧,以保障客户的利益。

3）方便接轨

标准的制定要考虑未来的发展。由于经济全球化已经成为一种社会发展的趋势，所以物流标准化体系应尽可能为物流服务以后可以采用其他标准体系而留有余地，这样既可以使企业有空间去适应物流产业的发展速度，也为以后我国的物流服务标准与国际标准之间进行接轨做好了准备。

8.1.3 我国物流服务标准化进程

我国政府正积极着手制定各项物流标准，以应对物流发展中出现的问题。由国家标准化委员会批准设立的全国物流标准化技术委员会与信息委员会已统一制定了《全国物流标准体系表》，而物流服务标准分体系表是其中一项非常重要的内容，主要针对各类服务项目的分类、服务质量要求等设立标准。

2005 年 3 月 24 日，国家质检总局和国家标准委联合发布了 GB/T 19680—2005《物流企业分类与评估指标》国家标准，并于 2005 年 5 月 1 日正式实施。这将对我国加强物流企业管理、规范物流市场将起到重要作用。

8.2 物流客户服务绩效的评价

为了准确地评价物流客户服务的绩效，提高物流企业的经营管理水平，增加物流企业的盈利能力，企业除了要对客户服务水平进行确立之外，还需建立科学的、便于操作的物流服务绩效评价体系，以此来有效、全面的衡量物流客户服务的质量。

物流服务绩效评价是指物流企业或相关从业人员以预先制定好的标准为依据，对一定时期内的物流客户服务工作状况进行评价和测量。

8.2.1 物流客户服务效绩评价体系

物流客户服务效绩评价体系是由评价制度、评价主体、评价指标、评价标准、评价方法及绩效分析构成。

1）评价制度

企业可以通过自己订立的科学的物流服务绩效评价制度，多层次、多渠道、全方位、连续地对物流客户服务进行客观的和有效的绩效评价。明确管理人员在绩效评价工作中的责权范围，并且制定相应的奖惩措施，以激发客户服务人员的工作积极性。

2）评价主体

物流服务绩效评价的主体应该是企业内部工作人员、客户、社会公众以及政府部门。由于企业内部人员直接参与了物流服务的全过程，因此我们说物流企业内部人员可以实现对整个物流服务过程的绩效评价；而客户对企业物流服务绩效的判断则是最真实、最直观的，同时客户能很直接地说出服务过程的薄弱环节，以此来帮助企业有针对性地提高自己的服务水平；社会公众的作用主要体现在对企业信用和企业社会责任感的评价上，也可以在一定程度上反映企业的绩效水平；对物流企业来说，政府部门也是一个重要的绩效评价主体，通过政府部门站在宏观的角度上对全行业企业的评价，可以更好地与其他企业的绩效水平进行比较，掌握企业自身在行业中的地位。

3）评价指标

目的明确、操作性强的评价指标能帮助我们真实全面地反映物流企业的经营业绩。同时我们还要注意评价指标应当尽可能量化，对那些无法计量的关键控制因素，可以采用定性描述的方法设立指标。

小知识

量化：这是指在布置工作时，将工作以量化的形式提出要求，并将它涵盖工作全过程的一种管理方法。量化主要包括三个方面的要素，即时量，数量和质量。"时量"主要是指完成工作的时间量；"数量"是指完成工作的数量；"质量"是指完成工作的标准。三者相互依存，如同三维空间中，确定一个点位置的三个坐标，缺一不可，否则在执行中必然会有偏差，影响工作质量。

如："你今天下午三点之前把30份装订好的文件送到会议室"。短短一句话，三个量包含其中。"时量"——"下午三点之前"；"数量"——"30份文件"；"质量"——"装订好的文件"。

4）评价标准

进行物流服务绩效评价有四个常用的评价标准：

（1）历史标准

历史标准是指某个考核指标的历史最好或者最差纪录。换句话说是将某个指标当前的绩效水平同企业的历史同期或历史最好（最坏）水平进行纵向比较。从比较中找出自己的不足或优势。通过分析，找出绩效水平变化的原因，为进一步控制和改进奠定基础。

（2）计划标准

通过将企业真实达到的绩效水平同原定的计划目标进行比较，可以反映出计划目标的完成情况，为激励制度的实施提供依据。必要时，还可以根据绩效的实际水平对计划目标做出修订，以提高计划的可实施性，同时还可以起到激发员工工作积极性的作用。

小知识

你知道么？人都是有心理暗示的，当你的实际工作能力与定下的目标差别不大时，你就会很努力地工作，暗示自己为目标而奋斗，以帮助自己完成目标。但是如果你的实际工作能力与你定下的目标差距很大时，你就会很容易产生消极情绪，出现懈怠，从而使自己的工作完成情况与原定目标越来越远。因此我们在订立计划时，一定要考虑企业及员工的实际工作能力，以防止"眼高手低"等问题的出现。

（3）竞争对手标准

将竞争对手的绩效水平作为绩效指标的评价标准，可以发现企业的优势和劣势，了解企业所处的市场地位，正所谓"知己知彼，百战不殆"，同时也为企业制定战略目标和发展规划提供依据。

（4）客户标准

客户是物流服务最终结果的承受者，他们对企业物流服务的满意程度和评价是对衡量物流服务的绩效水平最为公正和直观的反映，同时也是企业改进和提高物流服务水平的重要依据。

（5）评价方法

设计绩效评价体系，应当对各指标的具体评价方法做出说明，应当通过运用科学的评价方法，确保评价结果能够真实反映企业的物流服务绩效。在绩效评价中常用的方法有：统计法、排列法、要素比较法、价值分析法等，各种方法都有其适用范围和优、缺点，企业应当根据指标的不同特点选用适合的评价方法。

（6）绩效分析

绩效评价的结果必须通过认真、细致、全面的分析，找到各控制因素之间的内在联系，从而对企业物流服务的现状和发展趋势作出科学、合理的分析和判断。分析的结果应当形成结论性报告，为管理者进行决策提供依据。

以上的六个基本要素构成了绩效评价体系的框架,它是开展物流服务绩效管理工作的基础。在实际运用中,应当通过学习和借鉴优秀企业的先进经验,运用科学方法,不断充实和完善这一体系,使绩效管理工作能够高效地进行。

8.2.2　物流客户服务绩效评价指标

1)功能指标

功能指标是用于反映物流企业各个增值环节的功能实现情况的相关指标,主要有客户服务水平、配送功能、运输功能、库存功能及流通加工功能等指标。

（1）客户服务水平

客户服务水平是指通过对缺货频率、送货出错率、顾客满意度、平均交货期、订单处理时间、准时送货率、交货柔性、订单完成稳定性、顾客保持率、每个顾客服务成本、信息沟通水平、事后顾客满意率等因素综合分析而得的结果。

（2）配送功能

配送功能指对配送安全性、配送成功控制、产品可得性、检货准确率等因素综合分析而得的结果。

（3）运输功能

运输功能是指对运输能力、正点运输率、运输经济性、运输车辆满载率、运力利用率、在途时间、运输准确率、商品损坏率等因素综合分析而得的结果。

（4）库存功能

库存功能是指对库存能力、库存周转率、收发货物能力、库存结构合理性、库存准确率、预测准确率等因素综合分析而得的结果。

（5）采购功能

采购功能是指对交付期、付款条件、订单处理、与供应商的关系等因素综合分析而得的结果。

（6）流通加工功能

流通加工功能是指对工艺合理性、技术先进性、流通加工程度、对消费的促进作用等因素综合分析而得的结果。

2)经营指标

经营指标是指用于反映物流企业当前的经营状况的相关指标,主要有管理水平、企业实力、信息化水平、成本水平及盈利水平等指标。

（1）管理水平

管理水平是指对产品的残损率、物流系统纠错处理时间、供应计划实现率、设备时间利用率、业务流程规范化、管理人员比重等因素综合分析而得的结果。

（2）企业实力

企业实力是指对财务投资能力、信息技术能力、设备先进水平、同行业影响力及业务范围、市场占有率、市场增长率、新用户开发成功率等因素综合分析而得的结果。

（3）信息化水平

信息化水平是指对硬件配备水平、软件先进程度、信息活动主体的水平、信息共享率、信息利用价值率、实时信息传输量、信息化投资、客户变动提前期、客户变动完成率、网络覆盖率、平均传输延迟、传输错误率等因素综合分析而得的结果。

（4）成本水平

成本水平是指对单位产品的物流成本、物流成本占制造成本的比重、物流成本控制水平、每个顾客服务成本，订单反映成本、库存单位成本等因素综合分析而得的结果。

（5）盈利水平

盈利水平是指对净资产利润率、总资产利润率、资金周转率等因素综合分析而得的结果。

3）稳定性指标

稳定性指标是用于反映物流企业的发展潜力，该类指标可以影响到物流企业可否长期经营、客户是否愿意与企业长期合作，主要有技术实力、应变力、企业聚合力、经验指标及企业形象等指标。

（1）技术实力

技术实力是指对技术人员比重、技术开发经费比重、开发创新能力、技术改造资产比重、专利拥有比例、设备技术领先程度、硬件设施稳定性等因素综合分析而得的结果。

（2）应变力

应变力是指对信息化系统水平、预测能力、集成度、外部沟通、流程再造与延迟物流等因素综合分析而得的结果。

（3）企业聚合力

企业聚合力是指对领导层的团结进取力、职工的凝聚力、员工满意度等因素综合分析而得的结果。

（4）经验指标

经验指标是指对行业服务时间、提供服务种类、成本节约比例、人才培养与培训、客户稳定性、供应商稳定性、历史合作情况、利益与风险共享性、核心能力、战略观念兼容性等因素综合分析而得的结果。

（5）企业形象

企业形象是指员工素质、经营理念、市场信誉、社会责任等因素综合分析而得的结果。

企业在进行物流客户服务的绩效评价时应当结合自身的特点，对上述指标体系进行修改完善，并根据评价结果找到与目标水平的差距，通过采取必要的纠正和改进措施，不断提高客户服务质量。

8.2.3 进行物流客户服务企业的绩效评价

绩效评价已经被越来越多的物流服务企业所重视，很多企业设计了比较科学的绩效评价体系，并将这项管理工作行成制度固定下来，成为及时了解企业的运营效绩、调整和改进企业运营计划的基础。

全面的物流服务企业效绩评价应当从企业内部评价和外部企业评价两方面进行。

1）企业内部绩效评价

企业内部绩效评价是对企业运营状况以及资源、盈利能力的基础性评价，是物流服务企业绩效评价的重点。它侧重将企业现有绩效水平同历史或目标水平进行比较，从而为管理者决策提供依据。企业内部绩效评价的指标分为以下几个方面。

（1）成本

成本是企业绩效最直接的反应。物流成本按职能上大体可以商品流通费、信息流通费和物流管理费。

①商品流通费。这是指为了完成物品的实体流动过程而发生的各项费用。

②信息流通费。这是指收集、处理和传递有关物流活动的信息而发生的费用。

③物流管理费。这是指物流企业开展物流活动所进行的计划、组织、监督、调查、控制所需的费用。

企业应当通过有效的成本管理,真实反映成本发生的情况,并通过对总成本构成情况的分析反映企业的绩效水平。

（2）资产衡量

资产衡量主要反映为实现企业目标所投入的资本的使用和产出情况。可以采用下面六项具体指标:

①利润总额。这是指物流企业在一定时间内收支相抵后的余额。它是评价物流企业绩效的基本指标。

②总资产报酬率。这是指物流企业在一定时期内获得的报酬总额与平均资产总额的比率。它能够反映出企业资本投入与产出的总体水平。

③净资产收益率。这是指物流企业在一定时期内的税后净利润与平均净资产的比率。它能够反映企业自有资产获得收益的能力。

④定额流动资金周转天数。这是指物流企业在一定时期内定额流动资金周转一次所需要的时间,通常以天为单位。它反映了物流企业资金的利用效果。

⑤资产负债率。这是指物流企业在一定时期内的负债总额与资产总额的比率。它反映了企业的负债水平。

⑥营业增长率。这是指物流企业本年的营业收入总额与上年的营业收入总额的比率。它反映企业发展状况和发展潜力。

（3）客户服务

这一指标主要反映了物流企业满足客户需求的相对能力。

（4）作业衡量

作业衡量主要反映企业生产率情况和作业效果,可以用下面几项具体指标进行衡量。

①全员劳动率。这是指物流企业在一定时期内完成的物流业务总额与平均人员数的比率。它反映了企业人力资源的总体业绩水平。

②差错事故率。这是指物流企业在一定时期内出现差错或事故的业务数与该时期内执行业务总数的比率。它反映了企业的物流作业的总体质量水平。

2）企业外部绩效评价

企业总部绩效评价主要集中在对企业作业情况和经营水平的监控上,而外部绩效评价则是要对企业的形象、信誉以及市场地位等情况作出评估。这对物流企业制定正确的发展战略,提高企业物流服务质量都是必不可少的。

企业外部绩效评价是通过收集和分析客户、政府或社会公众等评价主体的反馈信息来进行的,也可以采用设定标杆,通过与先进企业进行对比的方法实现。

绩效评价对物流企业的经营和发展来说是至关重要的,企业必须在经营活动中不断总结经验,逐步设计出符合自身特点的绩效评价体系,通过全面、真实的绩效评价推动企业发展。

3)物流客户服务质量标准

(1)物流客户服务质量的含义

物流客户服务质量内涵丰富,它由物流对象质量、物流客户服务质量、物流工作质量和物流工程质量组成。

①物流对象质量。物流对象是指具有一定质量的实体,即有适合要求的等级、尺寸、规格、性质、外观。这些质量是在生产过程中形成的,是看得见摸得着的。而我们的物流过程正是在转移和保护这些质量,最后实现对用户的质量保证。

②物流客户服务质量。物流行业属于服务业,因此物流服务质量是物流服务固有的特性,其质量目标就是其服务质量。不同用户对服务质量的要求不尽相同,所以必须了解和掌握用户的要求,再根据其要求有针对性地对客户提供服务,即个性服务。

③物流工作质量。物流工作质量指的是物流各环节、各工程、各岗位的具体工作质量。物流客户服务质量水平的高低取决于各个工作质量的好坏。因此,工作质量是物流客户服务质量的基础。抓好工作质量,物流客户服务质量就有了保证。

④物流工程质量。物流工程质量是指把物流质量体系作为一个系统来考察,用系统论的观点和方法,对影响物流质量的诸要素进行分析、计划,并进行有效控制。这些因素主要有:人的因素、体制因素、设备因素、工艺方法因素、计量与测试因素以及环境因素等。物流质量不但取决于工作质量,而且取决于工程质量。提高工程质量是物流质量管理的基础工作,提高工程质量,就有助于全面提高物流质量。

(2)物流客户服务质量的内容

物流客户服务质量一般包括:为实现客户需求而使用的物流技术质量和物流功能质量。其中物流技术质量是物流客户服务的结果,物流功能质量是物流客户服务的过程。

①物流技术性质量。物流技术性质量是指服务本身的质量标准、环境条件、网点设置、服务设备以及服务项目、服务时间等是否适应和方便客户的需要等。物流技术性质量是物流客户服务的结果,它满足客户的主要需要。物流技术质量通常能得到许多客户比较客观的评估,企业比较容易控制这一质量。

②物流功能性质量。物流功能性质量指在服务过程中,服务人员的仪态仪表、

服务态度、服务程序、服务行为是否满足客户需求,物流功能性质量是物流客户服务过程的质量,它满足客户非主要需要。客户对功能质量的看法,与客户的个性、态度、知识、行为方式等因素有关,还会受到其他客户的消费行为的影响。所以客户对功能质量的评估是一种比较主观的判断,是企业较难控制的质量。

物流技术质量是客观存在的,而物流功能质量则是主观的,是客户对过程的主观感觉和认知。客户评价物流客户服务质量的好坏,是根据客户所获得的物流客户服务效果和所经历的服务感受,两者综合在一起才形成完整的感受。

大部分企业将物流技术质量视为物流客户服务质量的核心,集中企业资源提高物流客户服务的技术质量并以此作为企业竞争的主要因素。但随着竞争的加剧,企业同样应重视提供物流客户服务的过程,将提高物流客户服务的功能质量作为本企业竞争取胜的手段。

(3)物流客户服务质量体系

物流客户服务质量体系一般是按照 ISO 9000 系列标准构建的,其作用是为了达到和保持物流客户服务质量的目标,使企业内部相信物流客户服务质量达到要求,使客户相信物流客户服务质量符合要求。

①物流客户服务质量体系的构成。物流客户服务质量体系就是为实施物流客户服务质量管理所需的组织结构、程序、过程和资源。质量体系是一种客观存在的事物,它是实施物流客户服务质量管理的基础,又是物流客户服务质量管理的技术手段。

物流客户服务质量管理体系应具备物流质量管理体系结构、组织结构、程序文件、控制过程及资源要素等五方面要素。这五个方面的要素是构建物流客户服务质量管理体系所必需的。企业应当充分认识到质量管理在物流客户服务管理中的重要性。通过维护客户的利益使客户满意,达到改进企业客户服务质量的目的。

②物流客户服务过程的质量管理。物流客户服务过程的质量管理可划分为三个主要过程:物流市场研究与客户开发、物流客户服务组织设计以及物流客户服务提供过程的质量管理。

【做一做】

一、经典案例阅读

持续改进物流服务质量赢得伙伴关系

1.背景资料

上海友谊集团物流有限公司是由原上海商业储运公司分离、改制而来的。公司的主要物流基地处于杨浦区复兴岛,占地面积 15.1 万 m^2,库房面积 8 万 m^2,货车及货柜车 200 辆,设施齐全,交通便捷,距杨浦货运站 1.5 km;拥有一支近 500 人的专业技术人员队伍,长期储存国家重点储备物资和各类日用消费品,积累了近 50 年的物流管理丰富经验。20 世纪 90 年代初,上海友谊集团物流有限公司为联合利华有限公司提供专业的物流客户服务,并与其建立了良好的物流合作伙伴关系。

在合作的过程中,友谊物流公司为联合利华公司进行物流客户服务质量的改进,具体做法是:

(1)改变作业时间

由于联合利华采用 JIT(即时制生产方式),要求实现"零库存"管理,如生产力士香皂的各种香精、化工原料,需从市内外及世界各地采购而来,运到仓库储存起来,然后根据每天各班次的生产安排将所需的原料配送到车间,不能提前也不能推迟。提前将造成车间里原料积压,推迟将使车间流水线因原料短缺而停产。因此,友谊物流公司改革了传统储运的白天上班、夜间和双休日休息的惯例,实施 24 小时作业制和双休日轮休制,法定的节假日与物流需求方实施同步休息的方法,来满足市场和客户对物流客户服务的需求,保证了全天候物流客户服务。

(2)更改作业方式

友谊物流根据不同商品、流向、需求对象,实行不同的作业方式。

在商品入库这一环节上,除了做好验收货物的验收工作之外,针对联合利华公司内部无仓库的特点,友谊物流采取了两项措施确保其商品的迅速入库。

①实行托盘厂库对流,产品从流水线下来后,直接放在托盘上,通过货车运输进入仓库。

②对从流水线上下来的香皂,针对现有技术和条件,实施特殊作业。即将温度在 50～60 ℃的香皂箱内的产品快速运回仓库后,立即进行翻板和摆放作业,以散

热散潮。

商品出库是仓库保管与运输配送两个业务部门之间在现场交接商品的作业,交接优劣直接影响商品送达到商店(中转仓)的时效性和正确性。在出货过程中,为了提高车辆的满载率,将几十种品种及相邻地区需要的产品,首先进行组配成套装车,送入市内、华东地区的货物以商店为单位组合装车;发往中转仓的商品,采用集装箱运输,每箱的装运清单,由仓库复核签字后一联贴在集装箱门的内侧,使开箱后对该箱所装货物一目了然。

(3)仓库重新布局

在商品布局上,友谊物流将联合利华的储备库、配销库分离。储备库储存的货物包括各种原料、半成品、广告促销品、包装材料、退货品及外销品等;配销库则按商品大类进行分区分类管理。

(4)商品在库管理

友谊物流对联合利华的所有在库商品实施批号、项目号管理,各种商品根据批号进、出仓,不同批号的同种商品也不得混淆,并借助计算机管理,确保商品的先进先出,最大限度地保护客户的利益。

此外,按照要求定期进行仓间消毒,每月进行仓间微生物、细菌测试,确保库存商品质量安全。

(5)流通加工

根据市场需要和购销企业的要求,对储存保管的一些商品,进行再加工包装,满足市场需要,提高商品附加值。为此,友谊物流专门开辟出约 $1000\ m^2$ 加工场地为联合利华进行诸如贴标签、热塑包装、促销赠品搭配等加工作业。

将需要加工的商品最大限度地集中起来,统一地作加工处理,一方面实现了物流企业加工活动的效益;另一方面满足了货物从运输包装到销售包装、礼品包装或促销包装转变的要求,节省供应商、制造商、商店、超市各门店在货物改变包装上的人力和时间的浪费,加速了货物的上柜。

(6)信息服务

友谊物流除了每天进行记账、销账、制作各类业务报表外,还按单价、品类、颜色、销售包装分门别类地进行商品统计。将货物的进出动态数据输入计算机,及时将库存信息传送给联合利华,使之能够随时了解销售情况及库存动态。

(7)退货整理

退货与坏货作业是物流企业对客户的后续服务。借鉴国外先进经验,两年来,友谊物流专门设立了退货整理专仓,将联合利华全国各地的退货全部集中起来,组织人员进行整理、分类,对选拣出来无质量问题的商品,重新打包成箱,将坏货选拣出来,以便集中处理。

设立退货整理仓,解除了客户在退货上的后顾之忧,改善了供求关系,同时也提高了供应商成品的完好率。

2. 案例点评

物流需求方的业务流程各不一样,所需要的服务不尽相同,一项独特的物流客户服务能给客户带来高效、可靠的物流支持,而且使客户在市场中具有特别的、不可模仿的竞争优势,友谊物流就是通过向客户提供个性化的服务,注重客户服务质量并持续改进,从而使客户满意而获得成功的。

想一想:

1. 为了对联合利华进行个性化服务,友谊物流在物流客户服务质量管理方面进行了怎样的改革?

2. 友谊物流的改革是如何满足联合利华的要求的?

二、实训活动

◎ 内容

物流企业客户服务管理及评价的相关调查。

◎ 目的

调查物流企业对于自身企业客户服务管理及评价的做法,通过观察和了解,使同学们提高读物流客户质量测量的能力。

◎ 人员

①实训指导:任课老师;

②实训编组:学生按 8~10 人分成若干组,每组选组长及记录员各一人。

◎ 时间

3~5 天。

◎ 步骤

①由教师在校内组织安全教育。

②与实训企业相关部门取得联系,并组织学生集体去该企业参观。

③邀请物流企业的相关负责人员向学生介绍企业是如何进行客户服务质量的测量和控制的。

④分组查看企业客户服务质量监管的相关资料,并做好记录。

⑤撰写调查文档。

⑥实训小结。

◎ 要求

利用业余时间,根据具体情况选择有一定代表性的物流企业,了解其物流客户服务监管工作的作业规程。

◎ 认识

作为未来物流企业员工,深悟企业客户服务质量的测量和控制,对我们在未来的工作中树立正确的客户服务意识,做好本职工作是有很大帮助的。

【任务回顾】

通过对任务的学习,使我们基本掌握物流客户服务水平的确立、物流客户服务绩效的评价和物流客户服务质量管理。通过对物流企业的实训体验,了解物流企业客户服务质量监管的一般流程,掌握物流服务质量测量和绩效评价的方法。

【名词速查】

1. 物流服务绩效评价

物流服务绩效评价是指物流企业或相关从业人员以预先制定好的标准为依据,对一定时期内的物流客户服务工作状况进行评价和测量。

2. 企业内部绩效评价

企业内部绩效评价是对企业运营状况以及资源、盈利能力的基础性评价,是物流服务企业绩效评价的重点。

3. 物流客户服务质量

物流客户服务质量内涵丰富,它由物流对象质量、物流客户服务质量、物流工作质量和物流工程质量组成。

【任务检测】

一、单项选择题

1. ( )可以很直观的衡量企业内部员工创造的价值。

A. 客户服务标准　　　　　　　B. 客户评价标准

C. 客户操作标准　　　　　　　D. 客户监管标准

2. 2005 年 3 月 24 日,国家质检总局和国家标准委联合发布了 GB/T 19680—

2005《物流企业分类与评估指标》国家标准,并于2005年(　　)正式实施。

A.6月1日　　　B.5月1日　　　C.5月2日　　　D.6月2日

3.(　　)是企业绩效最直接的反应。

A.利润　　　　　B.净利润　　　　C.红利　　　　D.成本

4.物流客户服务质量体系一般是按照(　　)系列标准构建的,其作用是为了达到和保持物流客户服务质量的目标,使企业内部相信物流客户服务质量达到要求,使客户相信物流客户服务质量符合要求。

A.ISO 9000　　B.ISO 9001　　C.ISO 9002　　D.ISO 90000

5.按照全面质量管理的思想构建的物流客户服务质量管理体系应当具有科学的工作程序,即(　　)循环。

A.ACDP　　　　B.PDCA　　　　C.PCDA　　　　D.PDAC

二、多项选择题

1.物流服务标准化的原则为(　　)。

A.面向客户　　　B.注重过程　　　C.方便接轨　　　D.了解细节

2.进行物流服务绩效评价的常用评价标准(　　)。

A.历史标准　　　B.计划标准　　　C.竞争对手标准　D.客户标准

3.物流客户服务质量内涵丰富,它由(　　)组成。

A.物流对象质量　　　　　　　B.物流客户服务质量

C.物流工作质量　　　　　　　D.物流工程质量

4.构成物流客户服务质量管理体系的资源要素包括(　　)。

A.信息资源　　　B.人力资源　　　C.物质资源　　　D.资金资源

5.根据服务质量环,物流客户服务过程的质量管理的过程可划分为(　　)。

A.物流市场细分　　　　　　　B.物流市场研究与客户开发

C.物流客户服务组织设计　　　D.物流客户服务提供过程的质量管理

三、判断题

1.客户服务标准为企业人力资源部门和管理人员给员工的业绩打分提供了参考标准。　　　　　　　　　　　　　　　　　　　　　　　　　　　　(　　)

2.物流服务具有服务产品的一般特性,即有形性、可储存性等特点。　(　　)

3.工作质量不是物流客户服务质量的基础。　　　　　　　　　　　(　　)

4.物流技术质量是主观存在的,而物流功能质量则是客观的,是客户对过程的主观感觉和知识。　　　　　　　　　　　　　　　　　　　　　　　　　(　　)

5.物流客户服务的质量改进是一个循序渐进、没有终点的过程。　　(　　)

四、思考题

1.进行物流服务绩效评价的评价标准有哪些？

2.物流服务绩效评价的主体有哪些？

3.请简述改进物流客户服务质量的途径。

参考答案

一、单项选择题

1. A   2. B   3. D   4. A   5. B

二、多项选择题

1. ABC   2. ABCD   3. ABCD   4. ABC   5. BCD

三、判断题

1. √   2. ×   3. ×   4. ×   5. √

四、思考题

1.进行物流服务绩效评价的评价标准有哪些？

(1)历史标准。

(2)计划标准。

(3)竞争对手标准。

(4)客户标准。

2.物流服务绩效评价的主体有哪些？

(1)企业内部工作人员。

(2)客户。

(3)社会公众。

(4)政府部门。

3.请简述改进物流客户服务质量的途径。

(1)营造持续改进客户服务质量的良好环境。

(2)设定服务质量标杆。

(3)不断改善客户服务流程。

(4)改进服务方法。

任务 9
走进客户快乐服务

教学要求

1. 理解第一印象对客户服务的重要性。

2. 清楚微笑服务的含义和重要性。

3. 感悟赞美客户的技巧和方法。

4. 感悟什么是细致入微的服务。

5. 清楚电话服务中应该注意的问题。

学时建议

知识性学习：8 课时

案例学习讨论：4 课时

现场观察学习：4 课时（业余自主学习）

【导学语】

怎样才能做到优质的服务？员工应该具备哪些服务方面的素质啊？

给客户带"高帽"是不是就是优质的服务啊？

对于客户来说优质的服务比低价的商品更具吸引力么？

卷首案例

特色服务,让客户体验"体验服务"

1.背景资料

1971年星巴克在美国西雅图注册,是一家销售咖啡豆的本地咖啡店,只有两个店面。

从一家小的本地咖啡店,一家仅有两个店面的小公司,发展拥有着超过一万家店面,年营收100亿美元的全球领先的大公司。其中的奥秘在于其特色服务,星巴克认为他们的产品不单是咖啡,而且是咖啡店的体验文化。

2.特色服务

(1)互动式服务赢得回头客

星巴克深深知道每一个进入店中的顾客是最直接的消费者,应该努力使之成为常客,为此星巴克对其服务人员进行深度的培训,使每个员工成为咖啡方面的专家,每位员工都可以与顾客深度互动,如与顾客一起探讨有关咖啡的各类知识(种植、挑选、品尝)、讨论有关咖啡的文化甚至奇闻轶事、回答顾客的各种问题。顾客除了享受服务和环境氛围之外,还可以得到很多有关咖啡方面的知识,并且可以以此为据向自己的朋友和家人讲述。员工也借此机会把从顾客身上了解到的兴趣爱好、问题反映给公司,从而使得公司得到最准确的资料以更有效地制订销售策略。这种互动使得双方关系更加密切。不仅如此,星巴克在与顾客的互动上更具有独到之处。例如,星巴克建立了熟客俱乐部,并通过网络与客户沟通,会员每月都会收到星巴克的资料。

(2)自助式服务让顾客放松随意,体验"体验服务"

星巴克采用的是自助式的经营方式,自助服务让消费者摆脱了长长的等候队伍,减少了等候时间,并给了他们更多的控制权。让星巴克如此吸引人的正是这份自由的体验。由于采用自助式消费方式,来到店里的顾客不会被迎面一声"请问您需要什么"而弄得失去心情,而是自行走到柜台前,选取自己所需的饮料和其他小食,吸管、糖等也是自取。在完成了点单之后,侍者会迅速地端上所需咖啡,并报以一个淡淡的微笑。星巴克很多事情都是在淡淡中进行的,咖啡的淡淡清香,服务生的淡淡微笑,店内淡淡的音乐,体验中的淡淡休闲……这些都是星巴克所特有的。

想一想:

1. 星巴克如何使员工顾客互动?

2. 自助式的服务让顾客体验到什么?

【学一学】

星巴克两种富有特色的服务特点是将其产品重新定义,把大众商品定义为星巴克体验,也就是将它变成人们社交的一个场所。星巴克销售的不是咖啡豆,而是一种体验,通过体验它销售的是一个品牌,而并不仅仅是一个咖啡店的业务。

其实,作为物流企业员工,我们每个人都可以成为客户贴心的服务人员。通过本任务学习,你一定能了解到很多服务上的技巧和知识。

9.1 给客户留下美好的第一印象

在人与人的交往中给对方留下第一印象一直被视为极为重要的一步。实践证明,我们的第一印象在客户心目中的形象的形成起着至关重要的作用。良好的第一印象,是我们与客户沟通最好的通行证,也是最为权威的介绍信,可以为我们以后的物流客户服务奠定良好的基础。

9.1.1 "第一印象"的意义

第一印象是指人们在交往的过程中所形成的对他人的最初印象。

1）第一印象具有"首因效应"

小案例

《三国演义》中凤雏庞统当初准备效力东吴，于是去面见孙权。孙权见到庞统相貌丑陋，心中先有几分不喜，又见他傲慢不羁，更觉不快。最后，这位广招人才的孙仲谋竟把与诸葛亮比肩齐名的奇才庞统拒于门外，尽管鲁肃苦言相劝，也无济于事。众所周知，礼节、相貌与才华绝无必然联系，但是礼贤下士的孙权尚能避免这种偏见，可见第一印象的影响之大。

首因效应也叫首次效应、优先效应或"第一印象"效应。它是指当人们第一次与某物或某人相接触时留下的深刻印象，并对以后的交往产生的重要影响。相较于其他的印象而言，第一印象作用最强，持续的时间也最长；比起以后会得到的信息而言，第一印象的作用也要大得多。"首因"，是指人们首次认知一个物体（人或物）而在大脑中留下的"第一印象"。

首因效应是交际心理中很重要的一个名词。我们常说的"给人留下一个好印象"，这里就存在着首因效应的作用。因此，在为客户提供服务的各种社交活动中，我们可以利用这种效应，展示给客户一种极好的形象，为以后的交流打下良好的基础。当然，这在社交活动中只是一种暂时的行为，也就是说我们可以通过此后的服务和交往来扭转坏的一面，加强好的一面。当然更深层次的交往还需要我们自己的"硬件"完备。这就需要我们自己加强在谈吐、举止、修养、礼节等各方面的素质，不然则会产生很多的负面影响。要做到这一点，首先就要注重仪表风度，一般情况下人们都愿意与衣着干净整齐、落落大方的人接触和交往，而穿着邋遢本身就是对别人的不尊重。其次，要注意言谈举止，言辞幽默，侃侃而谈，不卑不亢，举止优雅，这样一定会给我们的客户留下难以忘怀的印象。首因效应在人们的交往中起着非常微妙的作用，只要能准确地把握它，定能给自己的事业开创良好的人际关系氛围。

2）第一印象具有"晕轮效应"

晕轮效应，又称"光环效应"、"成见效应"、"光晕现象"，是指在人际交往的过程中形成的一种夸大的社会印象，正如日月的光辉，在云雾的作用下扩大到四周，形成一种光环作用。这种效应常常表现在一个人凭借对另一个人（或事物）的最初印象来延伸到这个人（或事物）的总体看法，而看不准对方的真实品质，形成一种好的或坏的"成见"。所以晕轮效应也可以称为"以点概面效应"。

小知识

晕轮效应最早是由美国著名心理学家爱德华·桑戴克于20世纪20年代提出的。他认为,人们对人的认知和判断往往只从局部出发,扩散而得出整体印象,也即常常以偏概全。一个人如果被标明是好的,他就会被一种积极肯定的光环笼罩,并被赋予一切都好的品质;如果一个人被标明是坏的,他就被一种消极否定的光环所笼罩,并被认为具有各种坏品质。这就好像刮风天气前夜月亮周围出现的圆环(月晕),其实,圆环不过是月亮光的扩大化而已。据此,桑戴克为这一心理现象起了一个恰如其分的名称"晕轮效应",也称作"光环作用"。

我们作为物流客户服务的从业人员应该从"晕轮效应"和"首因效应"中得到启示:注意自己的第一印象,往往会为我们的后期工作起到意想不到的推动作用。

9.1.2　塑造良好的第一印象

良好的第一印象,需要作为客户服务人员的我们自觉地进行自我塑造。我们必须要有强烈的"塑造形象"的意识。通过对自己得体的服饰、稳重的举止、谦和礼貌的谈话塑造自己良好的形象,特别是不可忽视的第一印象。

1)把握"4分钟"

英国伦敦的心理学研究中心的研究表明,在初次与客户的接触中,客户对服务人员是否满意是在最初见面的90秒钟到4分钟之间决定的。因为在这最初的4分钟里,客户与服务人员的精力都很集中,因此服务人员的任何细微表现都会在客户的大脑里留下极为深刻的印象,并且这样的印象会一直影响到以后交往的相当长的时间,甚至影响交往的全过程。换句话说,在我们与客户打交道那一瞬间开始,成功地度过4分钟,便可以达到很好的效果。作为服务人员的我们可以利用"CONTACT"方法,在4分钟内给人留下美好的第一印象。

(1)自信(Confidence)

主动与客户握手,积极地与客户进行眼神上的接触,这都能表现出我们的个人自信。当然,在商务交往中,主动伸手与人相握并非只是女士的优先权,你也可以在适当的时候主动与客户握手表示你的友好与自信。

小知识

握手礼仪

主人、长辈、上司、女士主动伸出手,客人、晚辈、下属、男士再相迎握手。

长辈与晚辈之间,长辈伸手后,晚辈才能伸手相握;上下级之间,上级伸手后,下级才能接握;主人与客人之间,主人宜主动伸手;男女之间,女方伸出手后,男方才能伸手相握;如果男性年长,是女性的父辈年龄,在一般的社交场合中仍以女性先伸手为主,除非男性已是祖辈年龄,或女性未成年在20岁以下,则男性先伸手是适宜的。但无论什么人如果他忽略了握手礼的先后次序而已经伸了手,对方都应不迟疑的回握。

（2）外表（Outer Appearance）

在特定的场合应当穿着特定的得体服饰,而且一般情况下以较保守的衣着来体现稳妥;同时注重服饰的细小环节也能获得对方的尊重。如:身材矮胖、颈粗圆脸形者,宜穿深色低"V"字形领,大"U"形领套装,浅色高领服装则不适合。而身材瘦长、颈细长、长脸形者宜穿浅色、高领或圆形领服装。方脸形者则宜穿小圆领或双翻领服装。

小知识

TPO 是英文 Time place object 三个词首字母的缩写。T 代表时间、季节、时令、时代;P 代表地点、场合、职位;O 代表目的、对象。着装的 TPO 原则是世界通行的着装打扮的最基本的原则。它要求人们的服饰应力求和谐,以和谐为美。着装要与时间、季节相吻合,符合时令;要与所处场合环境,与不同国家、区域、民族的不同习俗相吻合;符合着装人的身份;要根据不同的交往目的,交往对象选择服饰,给人留下良好的印象。

（3）称呼其名（Name）

与客户初次交往时,应该多次提及对方的姓名,最好是在交谈中多次称呼其姓名,这样一是有助于自己记住对方,二是会给人留下友善近人的良好印象。需要注意的是,如果这位客户是你的长辈,那么就不要直呼其名了,而要使用适当的尊称。

（4）交谈（Talk）

在服务过程中,交谈的主要目的并不是为了让人记得你,而是要建立起相互间的沟通。所以,言谈得体的人都懂得运用语调、声线来营造良好的交谈气氛。当然,交谈的内容需要多加留意,因为只有对方感兴趣的话题,才能真正将你和对方联系起来。

(5)接纳(Acceptance)

在商务言谈交往中,放下对人的成见,不对对方作太多的假设,这一点至关重要,因为这会博得他人对你诚意的好感。

(6)体贴(Consideration)

在初次商务交谈中,你应该对对方态度体贴细致,由此在不知不觉中营造亲切的气氛。

(7)信任(Trust)

用心倾听对方的言谈,一定会建立起相互间的信任。

2)增强塑造第一印象的意识

"第一印象"是客观存在的,是不以人的意志为转移的。作为物流客户服务人员应该具有自觉去塑造第一印象的意识,不要让第一印象处于任意、自然的状态。每个人的表情、语言、体态都在不断地被人所感知,这是第一印象的自然状态。而作为具有形象意识的表情、语言、体态、仪表,应该是在自然状态上得以升华、雕琢、修饰而成的。前者带有自发性,后者带有自觉性;前者更随意,后者更加规范;前者很难唤起人们的审美观念、合作欲望,但是后者就能很好的唤起这种感受和欲望。

9.2 微笑服务

1)微笑的内涵

微笑是人们对美好事物表达愉快感情的心灵外露,是善良、友好、赞美的象征;是对他人的理解、关心和爱的表现,是谦恭、含蓄、自信的反映;是礼貌修养的表现;是心理健康的标志。微笑的内涵是博大的,它具有非凡的感染力。

因此,当作为服务人员的我们向客户展示微笑时,也就向客户表明了我们友好的态度和服务的热情。

2)微笑服务的重要性

客户服务从业人员特别是一线的物流客户服务人员是一个企业的形象和服务质量展示最重要的平台。在当前消费者对自我权益的维护、被人尊重的需要、行业竞争越来越大的情况下,体现良好、规范、人性化服务的"微笑服务",越来越被企

业所重视。因此,"微笑服务"是最基础的行为规范。微笑服务的重要性在于:

(1)微笑服务能提高工作效率

微笑对客户的情绪有着主动诱导的作用,客户的情绪往往受到服务人员态度的影响。在服务交往中,由于微笑的表情,如果我们能很自然地使用温和的语调和礼貌的语气,这不仅能引发客户发自内心的好感,有时还可稳定客户焦虑急躁的情绪。声音并非语言,可语言、语调、语速的变化却可以暗示出服务人员态度的好坏。微笑便可在不经意间修饰这些声音暗示,使客户在整个交往中感到轻松和愉快。微笑服务是一种以心换心的服务过程,有利于服务工作的顺利进行。同时,在服务交往中,微笑也容易给我们自身带来热情、主动、自信等良好的情绪氛围,处在这一氛围中,我们的工作效率也随之提高。微笑在给服务工作带来便利的同时,也给服务人员自身带来成就感,这种成就感有利于服务工作者自身的身心健康。

(2)微笑服务能及早捕捉到服务工作的切入点

物流客户服务人员的微笑服务可以从情感上拉近与客户的距离,当客户遇到问题,碰见困难的时候,就会很自然、很及时地提出,这有助于服务工作有的放矢地展开,同时一些看似虽小的问题、困难不能被发现和解决,直接影响到服务质量。例如:客户在某配送中心就餐过程中,吃到的全是不合自己口味的饭菜,很想告诉餐饮服务员单独要一份饭菜,但餐饮服务员冷漠的表情可能会打消客户的这一想法。这位没有吃好的客户不仅会感到胃不舒服,可能还会产生坏的情绪,他这份坏的情绪很容易影响到其他的工作上,给该配送中心造成不好的影响。所以要将工作做得细致、周到,赢得客户的认同,就应及早发现问题,而微笑服务可以说是一个捷径。

(3)微笑服务能为物流企业带来良好的经济效益

我们作为服务人员既充当个人角色又代表提供物流客户服务的物流企业,这两种角色彼此依赖又互为联系,也就是说提供物流客户服务的物流企业的形象是通过每个具体服务人员来体现的。如果我们每位员工都能做到微笑服务,客户不仅会感到这位服务人员工作不错,而且会将这一具体的感受升华到对提供物流客户服务的物流企业形象的认可。反之,如果我们中的个别服务人员表情冷漠,不够主动、热情,客户会认为该服务员态度不好,同样会影响到提供客户服务的物流企业的形象。随着社会的发展,人们的思想观念有了很大的变化,客户享受服务的意识越来越强,提供客户服务的物流企业要想在竞争中求生存,求发展,就必须争取以微笑服务和特色服务赢得更多客户的青睐。所以微笑服务是非常重要的。

在与顾客交往的过程中,难免会碰到一些矛盾和摩擦,然而如果你学会了微笑,它将助你化解这些矛盾和摩擦。

9.3　赞美客户

小案例

　　法国总统戴高乐1960年访问美国时，在一次尼克松为他举行的宴会上，尼克松夫人费了很大的心思，布置了一个美丽的鲜花展台，在一张马蹄形的桌子中央，鲜艳夺目的热带鲜花衬托着一个精致的喷泉。精明的戴高乐将军一眼就看出这是主人为了欢迎他而精心设计制作的，不禁脱口称赞道："夫人为举行这次正式宴会一定花了很多时间来进行漂亮、雅致的布置吧!"尼克松夫人听后十分高兴。为此，宾主尽欢。

　　在别人眼里，尼克松夫人所布置的鲜花展台，是她作为一位副总统夫人的分内之事，没什么值得称道的。而戴高乐将军却领悟到了其中的苦心，并因此向尼克松夫人表示了特别的肯定与感谢。从而也感动了尼克松夫人。

　　作为一名物流企业的服务人员，应该像戴高乐将军那样观察入微，找到客户值得赞美和欣赏的人或物。

9.3.1　赞美客户的技巧

　　赞美是一件好事，但绝不是一件易事。赞美客户需要审时度势，需要一定的技巧，否则可能把好事变成坏事。所以，在赞美客户前，我们一定要掌握一些赞美的基本技巧。

1）赞美要有针对性

　　实践证明，有针对性的赞美比一般化的赞美能收到更好的效果。例如，年纪大的客户总希望别人记得其"想当年"的业绩与雄风，与这类客户交谈时，应称赞他引为自豪的过去；和年轻的客户交流，应赞扬他的创造才能和开拓精神；对于经商的客户，应称赞他经营有方，生财有道；对于知识型客户，应称赞他知识渊博，宁静淡泊。

2）赞美要基于事实

　　虽然人人都喜欢听赞美的话，但并非任何赞美之词都能使对方高兴。基于事实、发自内心的赞美，更能赢得客户的认同。相反，若无根无据、虚情假意地赞美客户，他不仅会感到莫名其妙，而且会觉得你油嘴滑舌、蓄意讨好，为此心生厌恶。例如，当你见到一位其貌不扬的女性客户，却偏要对她说："您长得像电影明星，真漂亮!"结果会如何？很可能招来一个白眼。但如果你着眼于她的服饰、谈吐、举止，发现她在某个方面的出众之处并真诚地赞美，她一定会高兴地接受。

3）发掘闪光点进行赞美

绝大多数客户都是普通人，我们要善于在交往中发掘客户微小的长处，并不失时机地予以赞美。比如赞美一下客户领带的颜色、口红的色泽等。客户可以从你的赞美之中找到心理的满足，从而愿意与你达成合作的意向。

案例

某家具商场一顾客正向导购提出价格异议，嫌沙发太贵。导购员反复强调该沙发的品质和质量，但是似乎都没有打动客户，正在这时，顾客的手机铃声响起……

顾客接听电话完毕，导购员并没有继续与顾客讨论沙发的质量和价值，因为这位导购员发现对方的手机铃声十分特别，款式也很新潮，应该是一个很高档的手机。于是导购员抓住这个时机对顾客大为赞美。

服务员："老板，你的手机铃声真好听。"（服务人员开始赞美客户）

顾客："是吗？"（第一次听到赞美，顾客并没有什么表情）

服务员："是的，我是第一次看到这款手机，一定是最新款式吧？"（再次真诚地赞美。）

顾客："应该是吧，我前几天才换的，还可以拍照呢。"（第二次听到赞美，顾客已经毫无戒意和对抗的情绪，刚才的价格异议好像也暂时忘记了）

服务员："这个手机造型也很特别，又这么先进，一看这个手机就知道你是一个有个性有身份的大老板。手机一定很贵吧？"（第三次赞美，从物到人自然过渡）

顾客："嗯，5 000多块钱。"（顾客有点得意了。）

服务人员："就是嘛，你看看，这么小的一部手机都要5 000多元，我们这么大的一套沙发才卖6 000多元，放在家里既舒服又气派，其实一点都不贵，您说是不是？"

顾客："嗯，有点道理。你们什么时候可以送货？下单！"

9.3.2　赞美客户的方法

1）从否定到肯定的评价

这是一种我们常常用来夸奖有一定社会地位的客户而采用的方法。采用这种方法,主要是运用类比的方式,将我们的客户与社会上的某位名流作比较,抬高客户的身价,以此来赞美客户。如:我很少佩服别人的,你是个例外,我一生只佩服两个人,一个是×××另一个是你。

2)见到、听到客户得意的事,要专心赞美

赞美客户时,一定要专心,不能边做其他事情边赞美客户,这会让客户感觉你是在敷衍他。举例如下,如果客户给你看了他小孩的相片,那么一定要夸小孩,你无声的放回去,别人会感觉非常失落;如果客户中有人高升了,在见到客户的时候,一定要用高职称去称呼他,用新的职权去恭维他。当然我们现在还要注意观察客户递给你的名片,名片是一个人成功的写照,在看完客户递给你的名片之后你可以通过以下三个方面赞美你的客户:第一是名字本身,如文化人出身,生僻字要请教,以此来衬托他的文化内涵。第二是看职务,职务越多越要夸,客户在名片上写那么多就是想让你赞美的,如果你显得无动于衷就会挫伤客户的合作积极性,甚至还有可能会流失掉这个客户。第三是看单位,行政单位要夸,外企也要夸,因为每个行业都有自己的特色,都是可以赞美的。

3)适度指出客户的变化

适度的指出客户的变化能很好的体现客户在你的心目中很重要。如穿了一件新衣服,就夸很吸引人,合身的就夸漂亮,不合身就夸有特色(有朝气之类的)。如果说,生活中长时间不见面,无论说你胖了瘦了都是很舒心的。

生活中并不缺少"美"的东西,而是缺少发现"美"的眼睛。所以只要我们能认真的寻找,一定就能发现值得咱们赞美的事情。

4)将客户与自已做对比

通常情况下,一般人是很难贬低自已,如果你一旦压低自已同客户来作比较,那么就会显得格外真诚,这一招特别适合于在老客户的使用,会给老客户一种莫大的鼓舞,客户服务人员可以以此来增加老客户的忠诚度。比如说:有位女客户穿了件漂亮的裙子你就可以说"您的气质真好,要是我就穿不出这种效果。"

9.4　电话服务

电话是一种不见面的沟通。电话看似只闻其声不见其人,其实你的声音、态度和语气等通过电话线已经源源不断地传达给你的客户,给客户留下完整深刻的印象,令客户有如见其人的感觉。特别是在与客户的交往过程中,电话不仅能够真实地体现个人的文化素质,还反映了服务者所在的物流企业的企业文化。因此看似平常接听电话,实际上是在为客户描绘一幅印象深刻的电话形象。

9.4.1 拨打电话时应该注意的问题

1)注意打电话的时间

当需要给客户打电话联系时,有关工作的电话最好在上班时打。不要轻易更改双方约定的通话时间。与客户之间沟通工作的事情,通话不应该选在周末,而且尽量不要在对方用餐、睡觉、过节、度周末的时候打。与人通电话时,须顾及对方在作息时间上的特点。打电话到国外,还应考虑到时差。

2)准备好打电话的内容

给客户打电话的时候必须有一个明确的指导思想,特别是在与客户商量工作当中的相关事宜的时候,除非万不得已,每次打电话的时间不应超过三分钟。因此,我们在打电话之前,为节省时间一定要条理清晰地预备好提纲。然后,应根据腹稿或文字稿来直截了当地通话。若拨通电话时正忙,则不应强人所难。可以再约一个时间或者过一会儿再打。此外,首次与对方单位或个人联络,对客户的名字与电话号码应当弄明白,免得因为弄错而浪费时间。

3)恰当的打电话方式

电话的开头关系到自己和公司的形象,所以我们应当慎之又慎,不能毫无礼貌地随便开口。正式的商务交往中,要求礼貌用语与双方的单位、职衔一同说出。在使用礼貌性问候语以后,应同时准确地报出自己的姓名。不要还不知道对方是谁,一上来就跟人家拉近关系,这样可能会让接电话的人一头雾水。比如我们可以说"您好,我是××物流公司的业务员××,请问＊＊公司的××部的××在么?"

如果电话是由总机接转,或双方的秘书代接的,在对方礼节性问候之后,应当用礼貌用语应对,不要对对方粗声大气,出口无忌,或是随随便便将对方呼来唤去。得知要找的人不在,可请代接电话者帮助叫一下自己想找的客户,也可以稍后再打。在通话时,若电话中途中断,按礼节应由打电话者再拨一次。拨通以后,须稍作解释,以免对方生疑,以为是打电话者不高兴而挂断的。一旦自己拨错了电话,切记要向被打扰的对方道歉。

4)不打没有意义的电话

当遇到某些特殊情况时,如需要通报信息、祝贺问候、联系约会、表示感谢的时候,有必要利用一下电话。但毫无意义、毫无内容的电话,最好不要浪费时间去打。

如果想打电话聊天、与客户沟通感情,也应该要尊重对方的意愿,先征询对方同意,然后选择适当的时间,不应该唐突的给自己的客户打电话。

9.4.2 接听电话时应该注意的问题

1)接听及时

电话铃一旦响起,应当尽快去接,不要让对方等得太久,因为等待中的人特别容易变得焦急。如果因各种原因不能及时去接,就应在拿起话筒后先表示你的歉意并适当解释一下。

在工作单位接听电话是,应在铃声响两下之前去接,否则会让人怀疑你单位的工作效率,并进一步影响单位的形象。如果是在家里接听有关工作的电话,尽管没有必要像在单位里那样及时,但尽快去接是对对方的尊重。如果是在电话铃响了五下以上才去接的,也应向对方表示歉意。向对方解释一下延误接电话的原因是非常必要的。

2)应对得当

在工作场所接电话,当你拿起电话后,首先应问候对方,然后自报家门;或是先自报家门再问候对方。如:"您好,我是××物流公司的×××"或者"我是××,××您好,有什么可以帮您吗?"这样做一是出于礼貌,二是说明有人正在认真的接听,三是万一打错电话就可以少费很多口舌。因为在工作场合,效率总是被首先考虑的事,规范的电话应对体现的不仅是对对方的尊重,而且还体现出本单位的高效率和严格管理。

3)通话时的姿态

在办公室里接电话,尤其是外来的客人在场时,最好是走近电话,双手捧起话筒,以站立的姿势,面含微笑地与对方友好通话;不要坐着不动,一把将电话拽过来,抱在怀里,夹在脖子上通话。不要拉着电话线,走来走去地通话;也不要坐在桌角、趴在沙发上或是把双腿高抬到桌面上,大模大样地与对方通话。这样会为客户留下极坏的印象。

4)态度良好

打电话时态度要认真,这是对对方的尊重。尽管对方看不见你打电话的姿态和表情,但你的声音会把你此时此刻的姿态、表情、心境在不知不觉中传递给对方,从而让对方感受到你此刻对他的态度。因此,最好从拿起话筒就开始注意自己的言行举止,直至结束通话。打电话前应保持平静的心境。在与对方电话交谈时,不应穿插与他人的谈话。另外,还要注意避免一边与朋友说笑,一边拿起话筒接电话;也不要在结束电话交谈前的间隙里急于与旁人讲话,更不要谈及与对方无关的话题。如果万不得已,有急事处理,应向对方说明。如"您好,实在不好意思,我这里有点事情,您稍等一下可以吗?"

5)通话时语音语调要适合

由于双方处于互相看不见的两地,人们往往通过对方的声音来揣摩对的情绪、心境甚至长相,并形成关于对方的电话形象。因此,电话交谈时,用合适的语音语调非常重要。电话交谈时,语调应尽量柔和,以此来表达自己的友善,生硬的语调容易让人觉得不大友好。吐字应当准确,句子应当简短,语速应当适中,语气应当亲切、和谐、自然。

同学们还应该注意,在接听办公电话的时候一定要尽量使用普通话,这样能更好地为客户服务。

6)认真倾听,及时记录

电话交谈时,双方都要集中精神仔细倾听对方的讲话,为了表示自己在专心倾听并理解了对方的意思,需要用一些简单的字作礼貌的反馈。如:好、行、明白了。办公的业务电话通常需要做记录。记录的内容包括五个方面:来电人的姓名、单位、来电时间、主要内容以及联络方式。如果有重要的内容也需及时做记录,避免遗漏客户的信息。

9.4.3 终止电话的礼仪

1)正常结束通话时应注意的问题

结束通话时,要礼貌的道别,别忘记向对方说"再见"或是"晚安"。而且要等对方先放下电话,而不是自己先把电话挂掉。当然了,这里同学们也要注意,等对方先挂并不是说你就和对方一起拿着电话,谁也不挂的僵持着,按照惯例,电话应该由拨电话或者年长的一方先挂断。挂断电话时候,应该双手轻放,不要重重地放下,否则让人感觉很不礼貌。

2)中止电话时应该注意的问题

在通话时,接电话的一方不宜率先提出中止通话的要求。万一自己有特殊情况不宜长谈,或另有其他电话进来,需要中止通话时,应该礼貌的说明原因,并告知对方回复电话的时间,免得让对方觉得不受尊重。如果遇到不是客户且完全不熟悉的人打起电话来没完没了,应当说得委婉、含蓄,不要直接说"不打了、挂了吧"之类的话,让对方难堪。

9.4.4　代接电话时应该注意的问题

1)录音电话的礼仪

需要处理的事务比较多的人,可请别人代为处理电话,也可在本人不在时使用录音电话。不过本人在场时,一般是不适合使用录音电话的。万一需要用录音装置时,则必须使自己预留的录音听起来友好、谦恭。如:"您好,我是××,实在对不起,现在不能接听您的电话,请在嘟声后留言。"

2)尊重隐私

在代接电话时千万不要热心过度,向发话人询问对方与其所找之人的关系。当发话人有求于己,希望转达某事给某人时,要严守口风,切勿随意扩散。当发话人所找的人就在附近时,不要大喊大叫,闹得众人皆知。当别人通话时,要根据实际情况,做自己的事情,千万不要故意旁听,更不能没事找事,主动插嘴。

3)传达及时

若发话人所找之人就在附近,应该立即去找,不要拖延时间。若答应发话人代为传话,则应尽快落实。不到万不得已时,不要把代人转达的内容,再托第二人代为转告。否则,可能使转达内容变样,或耽误时间。

【做一做】

一、经典案例阅读

东京迪斯尼的优质服务

1.背景情况

世界生意最好的迪斯尼乐园不是在美国的佛州和加州这两处迪斯尼营业部,而是日本东京迪斯尼。美国加州迪斯尼斯营业了25年,有2亿人参观;东京迪斯尼,最高纪录一年可以达到1 700万人参观。东京迪斯尼是如何吸引回头客的呢?

2. 三天培训清洁工——东京迪斯尼成功的奥秘

在东京迪斯尼,游客不大可能碰到经理,门口卖票和剪票的也许只会碰到一次,但清洁工却会常常碰到,清洁工服务能力体现着东京迪斯尼与其他游乐场的区别。所以东京迪斯尼对清洁员工非常重视,将更多的训练和教育大多集中在他们的身上。

(1)注重培训,从短期工开始

在东京迪斯尼保洁员工中,有许多是暑假工作的学生,虽然他们只扫两个月时间的地,但是培训他们扫地却要花 3 天时间。

(2)扫地方法培训(半天)

扫地有 3 种扫把:一种是用来扒树叶的;一种是用来刮纸屑的;一种是用来掸灰尘的,这三种扫把的形状都不一样。怎样扫树叶,才不会让树叶飞起来?怎样刮纸屑,才能把纸屑刮的很好?怎样掸灰,才不会让灰尘飘起来?这些看似简单的动作都要严格培训。而且扫地时还另有规定:开门时、关门时、中午吃饭时、距离客人 15 米以内等情况下都不能扫。这些规范都要认真培训,严格遵守。

(3)学照相(半天)

照相是清洁工的另一项必备技能。十几台世界最先进的数码相机摆在一起,各种不同的品牌,每台都要学,因为客人会叫员工帮忙照相,可能会带着世界上最新的照相机来这里度蜜月、旅行。如果员工不会照相,不知道这是什么东西,就不能照顾好顾客,所以学照相要学一个下午。

(4)学包尿布(半天)

第二天上午学怎么给小孩子包尿布。孩子的妈妈可能会叫员工帮忙抱一下小孩,但如果员工不会抱小孩,动作不规范,不但不能给顾客帮忙,反而增添顾客的麻烦。抱小孩的正确动作是:右手要扶住臀部,左手要托住背,左手食指要顶住颈椎,以防闪了小孩的腰,或弄伤颈椎。不但要会抱小孩,还要会替小孩换尿布。给小孩换尿布时要注意方向和姿势,应该把手摆在底下,尿布折成十字形,最后在尿布上面别上别针,这些地方都要认真培训,严格规范。

(5)学辨识方向(半天)

第二天下午学辨识方向。有人要上洗手间,"右前方,约 50 米,第三号景点东,那个红色的房子";有人要喝可乐,"左前方,约 150 米,第七号景点东,那个灰色的房子";有人要买邮票,"前面约 20 米,第十一号景点,那个蓝条相间的房子"……顾客会问各种各样的问题,所以每一名员工要把整个迪斯尼的地图都熟记在脑子里,对迪斯尼的每一个方向和位置都要非常地明确。

3 天训练结束后,发给员工 3 把扫把,开始扫地。在迪斯尼里,碰到这种员工,游客会觉得很舒服,有机会下次会再来迪斯尼,也就是所谓的引客回头,这就是所谓的员工面对顾客。

3.案例分析

从客户最常接触的扫地工人入手,体现了迪斯尼东京公司体贴入微的服务理念。良好的客户服务为迪斯尼公司带来了源源不断的客户,使之成为世界上最大的全球连锁乐园。

想一想:

1.培训扫地工人的过程中,迪斯尼采用了哪些具有特色的服务?

2.对我们的物流企业而言,迪斯尼的培训工作有哪些值得我们借鉴的?

二、实训活动

◎ 内容

物流企业客户礼仪培训。

◎ 目的

通过学习在客户服务中应掌握的礼仪,清楚地知道我们为客户服务时应该注意的问题,以便以后更好地为客户提供服务。

◎ 人员

①实训指导:任课老师;

②实训编组:学生按 8～10 人分成若干组,每组选组长及记录员各一人。

◎ 时间

2～3 天。

◎ 步骤

①由教师先行播放一些服务礼仪方面的视频,让学生对服务礼仪有一个直观的认识。

②让学生相互联系微笑,并以两组为一个组合,为对方的实训效果打分。

③教师为学生假设几个在公司接电话的情景,让学生以组为单位,每组完成实训后,由其他组的同学为该组打分。

④教师为学生假设几个客户遇到的问题,让学生以组为单位,为客户提供细致入微的服务来化解矛盾。每组完成实训后,由其他组的同学为该组打分。

⑤实训小结。

◎ 要求

利用业余时间,了解在服务行业中作为一名合格的服务人员应该具备哪些素质? 同时注意观察在物流行业中我们的服务人员在服务过程中容易遇到哪些问题? 并设身处地的想出对策,以此来提高自己的服务能力。

◎ 认识

作为未来物流企业员工,深悟企业客户服务内容,对我们在未来的工作中树立一切从客户出发,做好本职工作是有很大帮助的。

【任务回顾】

通过对本章的学习,让我们初步了解为客户服务的基本技巧。通过对物流企业的实训体验,了解了物流企业客户服务的一般操作方法,在模拟实训中了解"顾客就是上帝"和"一切让客户满意。"

【名词速查】

1. 首因效应

首因效应也叫首次效应、优先效应或"第一印象"效应。它是指当人们第一次与某物或某人相接触时留下的深刻印象,并对以后的交往产生的重要影响。

2. 晕轮效应

晕轮效应又称"光环效应"、"成见效应"、"光晕现象",是指在人际交往的过程中形成的一种夸大的社会印象。

3. TPO

TPO 是英文 Time place object 三个词首字母的缩写。T 代表时间、季节、时令、时代;P 代表地点、场合、职位;O 代表目的、对象。着装的 TPO 原则是世界通行的着装打扮的最基本的原则。

【任务检测】

一、单项选择题

1. "新官上任三把火"、"早来晚走"、"恶人先告状"、"先发制人"、"下马威"等我们经常听到的这些说法是用来形容什么效应的(   )。

A. 晕轮效应   B. 首因效应   C. 暗示效应   D. 以上说法均不正确

2( )是人们对美好事物表达愉快感情的心灵外露,是善良、友好、赞美的象征。

A. 赞美客户　　B. 热情服务　　C. 细致入微　　D. 微笑

3. 给客户打电话的时候必须有一个明确的指导思想,特别是在与客户商量工作当中的相关事宜的时候,除非万不得已,每次打电话的时间不应超过( )分钟。

A. 5　　　　　B. 3　　　　　C. 8　　　　　D. 10

4. 英国伦敦的心理学研究中心的研究表明,在初次与客户的接触中,客户对服务人员是否满意是在最初见面的90秒钟到( )分钟之间决定的。

A. 3　　　　　B. 4　　　　　C. 5　　　　　D. 6

5. 在工作单位接听电话是,应在铃声响( )下之前去接,否则会让人怀疑你单位的工作效率,并进一步影响单位的形象。

A. 1　　　　　B. 2　　　　　C. 3　　　　　D. 4

二、多项选择题

1. 请在以下四个选项中选出可以体现微笑服务作用的选项( )。

A. 消除紧张　　B. 赞美客户　　C. 体现友好　　D. 增加效率

2. 以下选项中对 TPO 表述正确的是( )。

A. T 代表时间、季节、时令、时代。

B. P 代表地点、场合、职位。

C. O 代表目的、对象。

D. TPO 是英文 Time place object 三个词首字母的缩写。

3. 晕轮效应又被称( )。

A. 光环效应　　B. 成见效应　　C. 光晕现象　　D. 首因效应

4. 以下选项中哪些选项可以用来说明第一印象产生的作用( )。

A. 光环效应　　B. 成见效应　　C. 光晕现象　　D. 首因效应

5. 以下选项中哪些选项反映的不是体贴入微的服务( )。

A. 尽量满足顾客的任何要求,哪怕是不合理的要求。

B. 只要客户满意,不赚钱也是可以的。

C. 为了与客户沟通感情,应该尽量延长与客户通电话的时间。

D. 在殡仪馆大肆推广微笑服务。

三、判断题

1. 在服务过程中,交谈的主要目的是为了让人记得你,其次是要建立起相互间的沟通。　　　　　　　　　　　　　　　　　　　　　　　　　( )

2. 微笑服务能给服务工作带来便利,提高工作效率。 （ ）

3. 一般化的赞美比有针对性的赞美能收到更好的效果。 （ ）

4. 在与顾客交往的过程中,难免会碰到一些矛盾和摩擦,实在委屈的情况下可以与客户据理力争。 （ ）

5. 在服务过程中"微笑服务"是最基础的行为规范。 （ ）

四、思考题

1. 拨打电话时应该注意的问题?

2. 请解释什么是"CONTACT"方法?

3. 请说出赞美客户的技巧有哪些?

参考答案

一、单项选择题

1. B   2. D   3. B   4. B   5. B

二、多项选择题

1. ABD   2. ABCD   3. ABC   4. ABCD   5. ABCD

三、判断题

1. ×   2. √   3. ×   4. ×   5. √

四、思考题

1. 拨打电话时应该注意的问题?

(1)注意打电话的时间

(2)准备好打电话的内容

(3)恰当的打电话方式

(4)不打没有意义的电话

2. 请解释什么是"CONTACT"方法?

(1)自信(Confidence)

(2)外表(Outer Appearance)

(3)称呼其名(Name)

(4)交谈(Talk)

(5)接纳(Acceptance)

(6)体贴(Consideration)

(7)信任(Trust)

3. 请说出赞美客户的技巧有哪些?

（1）赞美要有针对性。

（2）赞美要基于事实。

（3）发掘闪光点进行赞美。

参考文献

[1] 郑方华. 客户服务技能案例训练手册[M]. 北京:机械工业出版社,2006.

[2] 吴必达. 客户满意学[M]. 北京:企业管理出版社,2003.

[3] 郑彬. 物流客户服务[M]. 北京:高等教育出版社,2005.

[4] 钟永森. 服务——打造一个卓越的服务型企业[M]. 北京:蓝天出版社,2005.

[5] 范云峰. 客户管理营销[M]. 北京:中国经济出版社,2004.

[6] 吴清一. 现代物流概论[M]. 北京:中国物资出版物,2003.

[7] 翁心刚. 物流管理基础[M]. 北京:中国物资出版社,2002.

[8] 严建修. 顾客的满意度测量[M]. 北京:中国纺织出版社,2003.

[9] 赵宁,王天春. 物流企业客户服务[M]. 北京:中国物资出版社,2006.

[10] 方光罗. 市场营销学[M]. 大连:东北财经大学出版社,2003.

[11] 赵一萍. 物流客户服务[M]. 北京:中国物资出版社,2006.

[12] 何倩茵. 物流案例与实训[M]. 北京:机械出版社,2004.

[13] 黄漫宇. 商务沟通[M]. 北京:机械工业出版社,2006.

[14] 梁晨. 如何进行物流客户服务管理[M]. 北京:北京大学出版社,2004.